[美] 约翰 P. 科特（John P. Kotter） 罗恩 A. 怀特海德（Lorne A.Whitehead） 著

苏军锋◎译

BUY-IN

Saving Your Good Idea from Getting Shot Down

赢取支持的艺术

机械工业出版社
CHINA MACHINE PRESS

图书在版编目（CIP）数据

认同：赢取支持的艺术 /（美）科特（Kotter, J. P.),（美）怀特海德（Whitehead, L. A.）著；苏军锋译．—北京：机械工业出版社，2015.4（2023.6 重印）
书名原文：Buy-In: Saving Your Good Idea from Getting Shot Down

ISBN 978-7-111-49867-4

I. 认…　II. ①科…　②怀…　③苏…　III. 心理交往－社会心理学－通俗读物　IV. C912.1-49

中国版本图书馆 CIP 数据核字（2015）第 067909 号

北京市版权局著作权合同登记　图字：01-2013-3796 号。

认同：赢取支持的艺术

出版发行：机械工业出版社（北京市西城区百万庄大街 22 号　邮政编码：100037）
责任编辑：岳晓月
责任校对：殷　虹
印　　刷：北京建宏印刷有限公司
版　　次：2023 年 6 月第 1 版第 19 次印刷
开　　本：147mm×210mm　1/32
印　　张：6.25
书　　号：ISBN 978-7-111-49867-4
定　　价：59.00 元

客服电话：（010）88361066　68326294

序  PREFACE

本书所讨论的基本问题，我们每个人都以这样或那样的方式经历过，因为这个古老而普遍的问题关乎人际交往，且其重要性日益凸显。

你对一个好主意充满信心，也相信目前的情形急需这个主意，而你却无法独自促成它的实施。你需要得到充分的支持以使它不落空，也为了事情朝更好的方向发展。你或你的支持者提出了一项计划，你推介该计划时的表现也很到位。接着，有人会提出一些富有见地的相关问题，随之而来的还有那些令人惊讶的问题、极其愚蠢的言论和较为猛烈的口头抨击——要么是当着你的面，要么更糟，背后使坏。需不需要这个好主意，它是否有洞察力，是否有创意，是否合乎常理，都不重要。即便它涉及的问题对公司、个人甚至国家而言意义重大，也不重要，这个提议还是会被否决，或即使它得到了认可，却因缺乏足够的支持而无法达到真正的预期效果，或以一种不幸的方式慢慢淡出人们的视野。

这很是令人抓狂。最终你方寸大乱、万分尴尬或大为恼火。所有能从这个好主意中获益的人，包括你，都输了。在极端情况下，整个公司或国家都可能输了。然而，正如我们要在本书里表明的那样，结局可以不是这样的。

具备构想并执行好计划是一项基本技能，它几乎和每个人息息相关，年轻气盛的大学毕业生需要它，老练沉稳的公司首席执行官也需要它。缺乏这一技能，将会对经济、政府、家庭和我们自己的生活产生一定的影响。

如今的问题是，与告诉、指导人们如何执行好的计划相比，我们更多的是教大家怎样才能构想出好计划。例如，过去20年来，商务领域在如何制定策略方面成就斐然。相比之下，在怎样执行策略方面却几无建树。

要是你在工作内外主导的好计划能独立实施下去，那再好不过了，但绝大多数情况下并非如此。不论是提交国会讨论的重大议案，还是富有创意的企业策划，或是今晚打算到哪儿吃饭，饭后看什么电影，合理的计划常常会被忽视、被否决或被改得面目全非，几乎达不到任何预期效果。修订后的计划或许也能得到大部分相关人士（如51%）的首肯，但对一个原本理应获得认可的计划来说，由于真正的认同感偏低，哪怕是一丁点儿阻碍都会使它最终偏离预期的轨道。

总体而言，本书讨论的不是怎样说服他人和交际之道，甚至也不是囊括所有关于构建认同感的行之有效的方法，而是给读者呈献一种非常高效的方法，旨在为好主意得以实施赢得强有力的支持。这种方法，无论是很少使用还是驾轻就熟，都不需要华丽的言语技能和迷人的魔力。

这一方法在许多方面是与直觉相违背的。它不是要把“说不”的人尽量拒之门外，而是欢迎他们参与新计划的讨论，这差不多就是鼓励他们向你“开炮”。它不是从权力层面或以强烈的个性把不公正的反对意见强压下去，而实际上是对那些不说公道话、说话不合常理和不正大光明做事的人，给予很大程度的尊重。它不是用复杂的手腕拉拢其他人支持你或长时间地摆事实讲道理，以挫败他们或先发制人，阻止他们向前推进，而总是以简单、明晰和干脆的方式，理性地回应对你的抨击。

这一有违直觉的方法要求投身于辩论，尊重所有的人，应答简洁、明晰、理性。我们曾亲眼目睹过它的效果：好主意不但没落空，实际上还能把对你的抨击转化为优势，以引起工作繁忙的人们的注意，有助于他们理解所提计划，进而构建出强烈的认同感。

本书的观点和所提建议并非基于一个预设的理论或我们的一家之言，而是部分地基于罗恩 A. 怀特海德多年广泛的观察研究。多年来，他身兼数职，不仅做过企业家、经理人和行政人员，还是不列颠哥伦比亚大学的物理学教授。同时本书的观点也基于哈佛商学院约翰 P. 科特的不懈研究，以及他在以下 4 本著作中主要围绕的关于领导力和变革的话题：《领导变革》《变革之心》《冰山在融化》和《紧迫感》。在本书的编纂过程中，我们也收集并融合了其他同事的大量相关研究成果。

本书以一个面对面会议的故事为引子。会上少数几个勇气可嘉的人向75位与会者推介了一项好计划，并为之辩论了数小时。虽然是个特定的场景，但我们发现随处都可看到该故事里的争论场面或记录，回应的最佳方法随处都可起效，如洲际间的电子邮件往来、10人的聚餐或课堂讨论、发给数以千计员工的文件、一系列会议（2次或22次），或是辩论备忘录。

本书的第二部分，我们开始直观地解析第一部分里的故事，讨论4种经常遇见的抨击策略，并一一解释我们的应对方法。我们总共列举了24种人们常用的、令人抓狂的、驳倒好主意的方法，每种方法均有有效的应对策略。在讨论过程中，我们以较为翔实的案例来说明这一切怎样在现实场景中演绎出来，最后直接给出明晰的建议，以使读者朋友方便使用这些素材，因为我们的方法虽然在表现才智方面极有吸引力，但本书旨在为读者朋友呈献完全实用的策略：让你的好主意不落空；不论有多艰难，都要使你的好主意（甚至宏伟愿景）得到相关人士的强烈认同；无论遭遇危机还是机会降临，都有助于给你所在的领域迅速带来变革。

在书后附录里，我们又以着力带来大规模变革为语境进一步阐释了所提出的应对方法——这是科特先生20年来一直潜心研究的主题，其重要性日益凸显。如果你着力推进大规模的变革，或对其特别感兴趣，也不妨在看完序言，开始阅读本书之前，先浏览一下那里的内容。

虽然我们讨论的话题比较复杂，但为了便于阅读，我们虚构了一个故事、相关议题和场景，尽最大可能把这一复杂的话题简单化。那是个小城镇的图书馆召开公众会议讨论配置新电脑的故事。你可以把它转化为其他与你相关的语境和沟通方式，也许是一顿午餐、一封邮件、一份报告、一场电视电话会议或走廊里的一次交谈。我们相信，你是有能力完成这一转化的。

讲故事是一种非常有效的学习方法。对大多数人来说，与其他任何分析推理的方法相比，它的学习效果更好。这里我们也不从神经学、心理学和其他学科的角度详细解释个中原因，只希望你觉得这个故事充满了乐趣和奇思妙想，引人入胜、令人难忘。但你在读森特维尔市图书馆的故事时，一定要知道我们讨论的话题很重要，我们的目的很明确，那就是让你的好主意获得他人的支持。奇思妙想只是手段，而不是目的。

约翰 P. 科特

罗恩 A. 怀特海德

目 录 CONTENTS

第一部分
故事篇

SAVING YOUR GOOD IDEA FROM
GETTING SHOT DOWN

1

第 1 章

一项好计划的夭折

你的脉搏在加速跳动。下一个就该你发言了，而公众演说不是你的强项。你是森特维尔市图书馆公民咨询委员会委员。该委员会现正在召开读者大会，这意味着图书馆的任何一位读者均可参会。会议室里满满的，共约 75 人。

公民咨询委员会名单⊖

非真实姓名（明显的）

但鉴于他们的处事风格，不妨这样称呼他们：

- **鲍姆巴斯 · 梅亚尼（自大傲慢的人）**
- **海蒂 · 阿根达（有不可告人动机的人）**
- **阿弗伊德斯 · 雷斯基（规避风险的人）**
- **司蓓茜 · 科德特斯（神情恍惚的人）**
- **爱丽丝 · 威利（怎样都好的人）**
- **卢克斯 · 斯马提（看上去很聪明的人）**
- **迪卫特斯 · 阿滕提（混淆视听的人）**
- **本蒂 · 温迪（墙头草）**

你的大舅子汉克

还有你！

会议主席就要请你发言了。本月初，你决定在今晚的会

⊖ 名单里的人名均为音译。鲍姆巴斯 · 梅亚尼（Pompus Meani），取自 pompous meaning，意为“自大傲慢”。作者用这两个单词命名此人，以凸显其性格品质。海蒂 · 阿根达（Heidi Agenda），取自短语 hidden agenda，意为“不可告人的动机和目的”。阿弗伊德斯 · 雷斯基（Avoidus Riski），取自 avoids risk，意为“规避风险”。司蓓茜 · 科德特斯（Spaci Cadetus），取自 spacey cadet，意为“神情恍惚的学员”。爱丽丝 · 威利（Allis Welly），取自 all is well，意为“一切都好”。卢克斯 · 斯马提（Lookus Smarti），取自 looks smart，意为“看起来聪明”。迪卫特斯 · 阿滕提（Divertus Attenti），取自 diverts attention，意为“转移注意力”。本蒂 · 温迪（Bendi Wendi），取自 bend before the wind，意为“墙头草”。——译者注

议上提出一项计划，以期获得支持。该计划由你和一些森特维尔市图书馆的资助者酝酿而成，其中一位是当地一家著名公司的经理。

你所提出的计划也很简单。森特维尔市图书馆需要25 ~ 30台新电脑，还有一些不怎么先进的打印机、网络设备及其他配套设备（如符合人体工程学且方便使用的电脑椅），但是该图书馆的预算非常紧张，无力采购。这些设备的零售总价就会花去一大部分预算。然而令人欣慰的是，那家当地的电脑商——森特维尔电脑公司，已同意给予资助。该公司提议，在接下来的3个月里，如果当地每6个家庭从它那儿购买一台新电脑，公司就向图书馆捐赠一台最先进的新的宽屏电脑，并配备足够使用的打印机、网络设备和电脑椅等——你渴望得到的所有相关配置都不在话下。

对森特维尔市及其图书馆来说，机会难得，此计划完全合乎情理。显然，它将有助于森特维尔市图书馆大步迈向21世纪，尤其当你也不知道在年复一年的紧张预算中怎样才能安排出购置电脑的资金。该计划也有利于图书馆管理员的工作。市里那些不怎么富裕家庭的孩子需要却没有条件用到好的电脑，他们也会从中获益。现在的任务就是说服他人，赢得支持，把这项计划很快推向实施阶段——在森特维尔电脑公司改变主意之前。

为了这个计划的实施，森特维尔电脑公司需得到其总部的批准，图书馆理事会也需要认可此次捐赠背后的商业运作。只要该计划在本次公民咨询委员会组织的公众会议上得以通过，几乎可以肯定的是，理事会就能批准实施。不过，时间安排很紧张——本计划最好今晚就能成行，以便能及时赶上年末的购物季，不然就无法实施了。

尤其你是力挺该计划——即使不怎么喜欢公众演说，你也豁出去了，因为你知道，这些电脑将会使市里那些不大富裕家庭的孩子获益匪浅。他们利用公共交通工具，大部分也能很容易到图书馆来学习。校车接他们到学校，许多孩子也不易用到电脑，因为在校时间短，而且周末不上学。对家庭富裕的孩子来说，这就不是个问题。他们家里就有电脑，即便他们自己房间没有，也是近在咫尺，每周七天随时可以用。不能熟练操作电脑的下一代，以后的生活将会很难。面对挑战，伸出援手，助人一臂之力，在你看来，对地方经济、城市发展、雇主和孩子们也是不无裨益的。出于这些原因，你内心对这个项目很有信心，而真正需要的就是今晚它能得以批准实施。

终于轮到你发言了。说明了项目概要之后，你开始征询与会者的意见，最后才能正式表决。一一回答了一些无关紧要也很温和的问题后，事儿来了。只见鲍姆巴斯 · 梅亚尼举起手，开始发难。

先说说鲍姆巴斯 · 梅亚尼这个人：首先他高傲自负，其次才是积德行善。他在公民咨询委员会任职时间很长，至少他的行为一贯如此。如果某事能彰显他的智慧，凸显他的重要性，他就支持，不然就反对，有时暗中作梗，有时为彰显权力出尽风头。今年晚些时候，他想被选为委员会主席。即便你对这个职位不感兴趣，他也会把你当成潜在的威胁，让你难堪。

首先，他稍稍表扬了你为此付出的努力(顺便说一句，对这个计划你的确很卖力)，接着终于说出了令你担心的那个词“但是……”用一种显得严肃认真的语气，他表明了他的担忧，一些人点头表示同意他的说法。另外，他又说了实施此计划的困难，其他人听后显得既惊讶又担忧。最后，他提议推迟该项目，直至他的意见得到仔细且适当的论证。他的提议得到了支持。

尽管你知道会议室里至少有 12 个人支持你，但他们实际上害怕鲍姆巴斯，因而对他的意见不置可否。就看你的了。而此时你却……不知从何说起！你就是无法随口给出一个令人满意的回应。你小声咕哝着说，往后推迟可能会扼杀那个项目，简直太不幸了，这是一个严重的错误。但既然提议推迟实施计划，那就必须投票表决。大部分（约 55%）投票赞成推迟计划。这个计划夭折了，你所有的努力就这样烟消云散了，就这样失去了一个力图帮助那些孩子、图书馆和这座城市的重要机会。你十分尴尬甚至大为光火，真想冲上去一把掐死鲍姆巴斯·梅亚尼，但你必须克制住自己。

那么鲍姆巴斯到底说了什么？而你应该怎样回应呢？这些问题涉及更为基本的技能之一；这些问题对那些想在这个瞬息万变的时代里改变体制的人来说，也涉及一些至关重要的素质；这些问题同时也与其他一些能力相关：不论在什么场合，也不论我们当时是什么角色，不具备这些能力会令我们抓狂。

各种各样的人都可能使好主意偏离正常轨道，不只是鲍姆巴斯·梅亚尼。例如，鲍姆巴斯有个表亲，叫海蒂·阿根达。你很钦佩她，但她也反对那个计划，出于不可告人的原因，这个原因比公平性和你们之间的友谊更重要。还有本蒂·温迪，她通常是“墙头草，随风倒”。或许她本意的确不想反对你，但最终却说你的计划很糟糕，就这样掺和进来了。还有其他人也要考虑进去，如阿弗伊德斯·雷斯基，迪卫特斯·阿滕提和卢克斯·斯马提，他们最大的共同特点就留给读者去想象吧。

当然，不只是森特维尔市有阿弗伊德斯这类人，我们周围就有这样的人。你以前多次见过，将来肯定也会屡次碰到他们。开会时、对你的备忘录挑刺儿时、休斯敦和德国汉堡间通电话时、在学校里，（也许）还有在自己家里，你都可能遇到他们。工作内外我们都会碰到这样的行为，甚至你有时或许会按他们的方式行事（想不到吧）。如果好主意涉及的是小事——不是每天都有的话，就算每周一次——遭遇到鲍姆巴斯这类人，我们都会很沮丧、很尴尬的，但这种感觉很快就过去了。然而，如果好主意涉及的是大事，它落空后带来的影响则会长时间萦绕心头，挥之不去。

我们居然需要这样的书籍（如本书）来指导我们怎样让好主意不落空，从某些方面讲，这是令人羞愧的，但我们的确需要它。首先，人生价值的核心在于落实好想法、执行好计划；其次，在这个变幻莫测的时代，好计划或好策略的需求在不断增加；再次，出于种种原因，真正的好主意总会受到抨击或遭到扼杀。最后，解决这一问题非常强有力的基本方法绝非能不言而自明，要让他人真正接受好主意，你需用本书的知识武装自己，然后自信地面对他们，促使他们而不是阻止他们，要让他们放马过来。

重要声明：我们在本书里讨论的不是关于怎样构想好主意——信息收集、头脑风暴或制订好计划的过程。关于此类话题的著作很多，我们假定你已读过相关书籍，并能活学活用。本书聚焦于怎样让你的好主意不落空，如何赢得充分而有力的支持以便它们能得以成功实施。

好了，就先说到这儿吧。让我们再次回到森特维尔市接着开会。与现实世界不同的是，这次你和那些构想计划的其他人将会有第二次机会。而且，这次你将遭受言语抨击，这些令人费解的言论摆不上台面，也不合逻辑，但足以扼杀任何好想法。诸如此类的言论，现实中很常见，也极难应付，部分原因是由于它们听起来也很真诚，合乎情理或逻辑。那么，你要做好准备，因为下面的交锋将很残酷，的确会比我们在现实中常见的场景更难应对。这次呢……好吧，接着往下看，你就明白该怎么应对了。

2

第 2 章

力挽狂澜（一）

这次，我们的故事开始从森特维尔市图书馆读者大会的前夜说起。提交大会的那项计划合乎情理，应该能获得支持得以通过。但你还是把一些要点和可能遇到的问题记录下来，觉得这样会更踏实，也更有信心。然而还是感觉不踏实，这时你灵机一动，想到了汉克。

汉克是你的大舅子。在你认识的人中，有些人对他们的大舅子或小舅子不太感冒。与他们不同的是，你一直很喜欢汉克。他很聪明，为人率真。无论在大小团体、商界内外，他为人处世经验颇丰。以你对他的了解，他说话直截了当，很有见地。

你打电话给他。他说电话里说不清，可以到你家面谈。你欣然同意。

他一来，寒暄了几句之后，就让你简要地说说那个计划。你说，市图书馆的确需要电脑和配套设备，但对它来说开销太大，因为它今明两年预算有限，谁知道要等多长时间才能予以采购。森特维尔电脑公司已同意有条件地予以资助等。

汉克很欣赏这个计划。可他说，之前根本没听说过这事，你就想象市里可能还有许多人也没听说过。汉克问你准备怎么向大会推介这个计划并赢得他人的支持。你告诉了他。这个计划背后的团队已向数百名图书馆读者发出了请柬和项目简介，邀请他们参加明晚的会议。团队成员已想到谁可能会反对及为什么反对。在你进入答辩环节时，两位支持者还精心准备了如何回应与会者的不同意见。

你谈话时，汉克频频点头。说完后，他解释道，在长期的职业生涯里，他实际上常常在反思，为什么他的一些最佳计划，要么获得广泛支持，要么会被否决呢。他也经常在想，为什么他的老板、邻居和朋友的好主意有时能赢得认可并得以实施，而有时会被忽视或被扼杀于萌芽状态呢。

汉克认为，对任何简单的计划或复杂的变革，有许多方法能找到它们的漏洞，但是——不必慌乱——大多也很容易应对，因为此时人们所说的事实是站不住脚的。例如，“我们一同意立项，那家电脑公司就会抬高售价！”回应：“我们只要达成协议中的一部分，就规定上周的售价在项目运作期间保持不变。”如果反对者已仔细考虑了你的计划，甚至对某一细节点还有所误解的话，要巧妙地应对诸如此类的反对意见就有点难度了。但是如果你事实清楚，逻辑缜密，就简明扼要地解释好了。对一个理智的人来说，如此回应即可。事实上，在提出想法之前，必须要厘清事实和逻辑。做到这点总会有好处，因为你自己也可能觉得所提的计划没那么完美！

但是——汉克说——“现实”中，不论想法有多好，新提的建议处处都会遭到质询，引起担忧，甚至受到公开抨击等反对意见，虽然只是少数，但这些意见也很常见，然而应对起来难度之大，出人意料。对此，要摆出事实，化险为夷，否则就会方寸大乱，你的回应不但解决不了问题，反而会产生新问题。

他使你想起了以前一个在政治场合很不适当的段子。有位年轻人被提名担任司法部门要职，一个记者向他提的问题很“巧妙”，“先生，你现在不打你妻子了吧？”“是的，不，我的意思是……”可怜的他显得语无伦次。当晚的新闻把此场景完整播出。然而对这个问题，有经验的人可能会面带微笑，淡定地回应道：“大家知道，一直以来，我总是善待、尊敬每个人，其中肯定包括我那非常贤惠的妻子。”

汉克说，向一个即将担任公职的优秀青年抛出诸如“殴打妻子”的问题，或显得荒谬可笑，根本不值一谈。但如果准备不足，的确有同样怪异或愚蠢的抨击——口头的或书面的——真的会把你吓到。由于这样的“抨击”应用广泛，任何想阻止推行计划的人可能都知道它们潜在的威力。幸运的是，汉克说，如果事先有所准备，与会者也不太有恶意的话，这些都能应付过去。

汉克耐心地详述了一个典型的场景。你身体前倾，听着听着几乎坐到了座位的边上。他接着提到一个又一个场景。他告诉你，“有人会说这个计划不够深入”“好的回应是……有人问，既然那人过去一直非常成功，那他为什么要冒险做出改变呢。好的回应是……”说完后，他稍事休息，找了点儿喝的。几分钟后，他又开始讲了一些常见的可能遇到的抨击，并提出了有效的应对策略。你紧张地做着记录。他讲完时，你看看笔记，发现他人有24种方法粉碎你的那个电脑计划，当然也有24种应对办法能扭转局面。24种，听起来很多吧。

你们俩谈到了明晚的会议上谁可能是反对者，还有你可能遭遇的反对意见。他拿着他列的那24种常见的抨击方法，问你可能会遇到哪些。你考虑了一下，提出了自己的想法。对可能出现的反对意见，他把回应策略予以归类，便于你想出更为具体的回应办法。

时间过得真快，不经意间，你们从晚上7点谈到了10点。你很受启发，但也有一种异样的强烈感觉。

一方面，你感到不安。他谈到的24个问题及应答，会影响任何好主意的支持率。另一方面，没有他的帮助，你只能想到其中6种有效的应对方法。看到你有些紧张，汉克说，他很吃惊你能想到6种方法，许多人连这6种都想不到。

他的话并没能缓和你的紧张情绪。

汉克告诉你，多年来他遇到过很多反对意见，这些意见或令人困惑，或有失公平，或背后使坏，或不合逻辑，但它们都只是基于一些策略而已。他把你的本子拿过来，写下一个词，稍加思索，接着又写了一些，然后就停了下来。你看到上面写着：

- 混淆视听；
- 无限拖延；

- 制造恐慌；
- 冷嘲热讽和人身攻击。

他告诉你，混淆视听就是搅乱人们的思绪，他们就会开始怀疑你的计划是否真的合情合理，这会让一个好主意陷入不利的境地；无限拖延，顾名思义，就是提出貌似合理的担忧，而化解这些担忧则需要太长的时间，最终会使一个好计划显得无足轻重或不再可行；制造恐慌，即大肆渲染敏感问题，使人们心绪不宁；冷嘲热讽和人身攻击则是对人不对事。汉克说，利用这些策略的动机因人而异，有人是真心想尽力确保做出正确的决策，有人对好主意就是很焦虑、很自我、很生气，或非常喜欢摆布人。通常很难猜到他人的动机是什么。

汉克接着又开始在你的本子上写了一些词句——稍加思索，他又再写了些——然后把笔交给你。你看到：

- 不要害怕那些干扰者。正确应对，他们实际上可能在帮你！
- 总以简洁、直接和坦诚的方式回应。
- 尊重每个人。
- 观察所有在场的人（不只是向你“开火”的人）。
- 预测可能遇到的抨击，有备无患。

汉克告诉你，根据他的经验，人们基本上就用上述 5 点表达想法，捍卫主张，以获得足够的认可。

简单的回应能避免对方搅局和拖延；回应直接干练则能削弱人身攻击带来的影响；尊重他人，反过来也是尊重你和自己的想法；一直和现场的支持者们保持目光接触，会让你避免犯下危险的错误：把焦点仅仅放在令你大为光火的捣乱者身上；有备而来意味着你要能料想到，为了让你名誉扫地、主意落空，人们可能会怎样搅局，怎样把你的好主意无限地拖延下去，怎样引起更多的焦虑，或怎样嘲弄你和其他支持者。他还说，只要你说话简短干脆，对所有在场的人尊重有加，体察入微，积极投身论辩，不是临阵脱逃而是迎难而上，这样实际上就能把对你的抨击转化为你的优势，扭转局面。

你问了许多问题，汉克一一作答。有时回答得很清楚，有时（至少在你看来好像）不那么清楚。对他最后一点关于让反对者放“马”过来的说法，你不甚了了，感到不安。此时你又一次感到些许紧张。

你好像有点吃不消了，对汉克说，你真希望至少能有一次，亲眼看看他是怎样应对这种局面的，这时你灵机一动。

为什么不问问公民咨询委员会的主席，可不可以让汉克在大会上推介那个计划并解答人们的问题呢？稍加考虑，你就觉得这真是个绝佳的想法。

你征求汉克的意见，他摇了摇头。一些人知道他并未参与这个项目的筹备工作，因而自然会纳闷儿为什么是他在会上推介这个项目。反对者就会以此作为他的优势，会议很快就会偏离正轨。汉克没这么说，但你想到的却是，他之所以不愿意，或许是因为他也不喜欢在公众场合讲话。

然而你没就此作罢。几经劝说，汉克勉强同意配合做好以下四点：（1）你在大会上推介项目；（2）进入答辩环节，你先请一些支持者发言；（3）然后让他接手；（4）前提是你要和他一起坐在主席台上，以便能给他提供相关事实依据。

你立即打电话给公民咨询委员会主席。对于在这个阶段把汉克加进来的想法，他有些不高兴，这你能理解。但几经努力，他还是同意了（或许是因为他从你的声音中感觉到你的惶恐不安）。

你真希望能再有一周的准备时间。汉克已强调了精心准备的好处，你也想尽一切办法为会议的顺利进行做好准备。

你把这一切告诉了汉克，他耸了耸肩说："面对现实，积极应对吧。"他还告诫要注意这种私下的谋划活动。如被发现，在他人看来，这或许就是受人操控。要知道，没有人喜欢任人摆布。

他走的时候，你千恩万谢，他可帮你大忙了。他笑了笑说："其实，这未尝不是好事。"你还没回过味来，他已经走了。

※ ※ ※

今天一整天，你满脑子都想着即将召开的会议。5:15 你放下工作，吃了个三明治对付了一下。大部分人下午 7 点左右到市政厅。你 6:40 就到了，汉克还没到（你有点儿紧张）。但到了 6:45 的时候，他来了。公民咨询委员会主席理查德 7:15 宣布开会。

约有 75 人出席会议，对你来说却好像有 400 人一样。主席台上坐着汉克、你、理查德（图书馆项目的长期支持者）、简（对于制订这个计划，她的贡献可能最大）和梅琳达（一位中学生，电脑商的想法可能就是她促成的）。

理查德讲了几句话后，就让你发言了。

对于存在的问题，面临的机遇和那个具体的提议，你非常清楚。图书馆显然需要变革。为给森特维尔市市民提供便利，图书馆需要配备许多新电脑和打印机，但它的预算不够，资金缺口很大。现在有个解决方案：在接下来的 3 个月时间里，如果人们以惯常的价格从当地的一家电脑公司购买电脑，公司每卖出 6 台电脑，就会免费送给图书馆一台电脑，还配有打印机，甚至还有最好的电脑桌和椅子。这个方案有利于图书馆管理员开展工作，有利于人们更好地使用图书馆的资源，也有利于那些家庭不怎么富裕的孩子，其中一个孩子就是梅琳达，你那个团队里的小成员。她就坐在你的左边，与你隔两个座位。

你的发言很简短。汉克说过，几分钟内把基本看法说清楚就可以了。发言以面临的问题或机会开始，解释清楚你的计划为什么能最好地应对现存的问题，此时还要强调，目前没人能找到另一途径来资助图书馆购买那些新电脑。他还说过，推介计划时要想想人们一般会提出什么样的问题。对与会者的每个问题，要予以最好的回应。你就是遵循他的计划，结合你在午休时间随手草草记下的要点，做了大会发言。

发言完毕，你抬头看了看。许多人在点头。坐在第二排非常显眼位置上的两个朋友，正向你微笑示意，好像也没有人准备要抨击你啊。

乔治和杰西卡参与了项目筹划，你先后请他们站起来说说他们的意见。他们一一发言，每个人都强调了所议项目在某一方面的合理性。杰西卡简短的发言完毕时，你觉得项目的推介条理清晰，有理有据。你不是独自一人，而是你们三人，都谈到该计划会带来明显的好处，此时你的感觉肯定不错。

你转身向公民咨询委员会主席点了点头，表示你们的发言完毕。主席对你们刚才的发言表示赞许，并指出，新加入的成员汉克将在问答环节中回答大家的问题——对汉克来说，这意味着他揽了个苦差事，还是说，这是个仪式，表明他加入了我们的团队？在汉克站起来向大约75名森特维尔市市民示意的时候，有些人偷偷地笑了。你挨着他的左边坐了下来。

汉克好像把几张纸放在前面的桌上，上面还记着东西。

他看了看。

你在找寻其他的支持者来发言。过了一会儿，爱丽丝·威利举起了手。你看还有没有其他人举手的，但确实没有。

爱丽丝已在这个城市生活多年，其中断断续续参与公民事务也有几十年了。她为人十分苛刻，显然很富有。在熟知她的人当中，她有这样的名声，那就是从未见她特别喜欢过一个新想法。

你揉了揉前额。她说道："我知道这个计划能带来许多好处，你对此的解释也很到位。但有个根本的问题还没解决。我担心它是个非常大的问题。"

从左到右，她扫视了一下她周围的人。你感到脖子一紧。

"首先，虽然没人这么说过，但这是个广告噱头。我觉得这个计划本身没错，但我们图书馆以前从未有过……"——她朝你看了看，好像在吸着柠檬汁似的——"这样的安排。"

你看到至少有两个人点头。你心里一沉。

"其次，我不能想象，我们会允许任何一个供应商对我们应该采购什么发号施令——按照我的理解，这家电脑公司现在就是这样做的。你能想象出版社告诉我们必须购买哪些书吗？"

她看了看你。虽然森特维尔电脑公司提出了具体的捐助条件，但捐赠的设备对图书馆并无不当。你考虑给她解释一下原因，却不知道该怎么说。这时汉克看了你一眼。你认为，这表示让你不要回应。

还好，你没吭声。

爱丽丝接着说道："好，上面两个方面可能听起来没多大影响，但是鉴于图书馆的历史和它成功运转的方式，这两点就需要好好考虑啦。"她深吸了一口气说："对各位当中在这个城市生活时间不长的人来说，我想你们可能不大了解这个图书馆。它是很有历史的。15 年前，它获得过我们州的美国图书馆协会分会的奖励。获奖的前些年，理查德 · 科尔斯还捐赠了一套狄更斯的原版书籍。这种情况多长时间发生一次呢？"

与会者中又有一些人点头。

"图书馆大楼竣工时，还获得过一项重要的建筑奖项。"

那时你还有其他与会者，还没出生呢。

"我要说的就是，我们的运作、资源利用、和谁往来及怎样往来，都有一套工作流程。这样几十年下来效果特别好。现在我没有看到任何证据表明它根本上就是错误的。但如果推行这个计划，我们惯常的做法会被一扫而去。"

她坐了下来。

另外有人发言了："她说得有道理。如果我们以前从未有过这种公私合作方式，难道真的需要尝试一下吗？"

你的团队花了数小时对公私合作这个话题做了详细的考虑，你在做开场白时也概括性地提到了你们的结论。要不就是你打算提却没有提到，或者你的发言干脆就很糟糕。

爱丽丝又站起来开始发言，她看上去就像这儿的负责人，一会儿说这个计划这不好，一会儿说那不对，但她的基本意思始终未变：这个图书馆迄今运转得很成功，拜托，为什么要为那些不值几个钱的电脑（这些电脑或许她永远用不着）而冒险做出改变呢？

现在，几十个人把目光齐刷刷地投向了汉克还有你。你的脑子飞快地转起来，想着要推行这个计划，太不容易了。

爱丽丝好像刚才说，虽然现在图书馆用的那些电脑破旧不堪，但因为它曾获过一次奖励，它的运作还是很好的！对此你惊讶不已。人们为什么会去听这种不着调的言论……

然而，只需扫视一下与会者，就会发现人们是在听啊，而且好像也没人准备要反驳她。

你迅速看了看汉克，想知道他准备怎么做。显然，按照他对此类场合的处世哲学，他不会说："好了，爱丽丝，闭嘴！"虽然这个想法让你感觉很过瘾，但你确实也意识到，它不会起作用，也不公平。爱丽丝就是爱丽丝。

你尽力厘清思路，考虑怎么回应。你认为，汉克可能会就爱丽丝推崇的所谓"工作流程"深挖下去，并给出解释，至少在这种情况下，它有其不当之处。但转念想到这种讨论种种可能的走向（你的脑海中浮现出了无限搁置这个说法），你显得很犹豫。爱丽丝在这里生活了几十年，与你或汉克或半数的与会者相比，或许她更了解这个城市和这座图书馆的历史。这样，汉克对有些事可能会显得不明就里，甚至更糟，看起来很傻（且容易受到嘲讽）。那么你应该怎样衡量图书馆的“成功”呢？谈起一个话题可能会引起更多的争论，最终还是令人十分费解！所以……或许……但是……

终于，爱丽丝发言结束，坐了下来。你真希望，她现在是在费城或大阪该多好啊。

你看了看汉克，他——而不是你——开始对问题做出回应，你感觉如释重负。“爱丽丝，”汉克说，“你的观点很有意思。”

她以猜疑的目光看着他，你也是。

“但是，必须记住一点，这个世界是在变的。我们总能看到这样的例子。我觉得，公共图书馆几乎都面临经费不足的问题。面对图书或新型电子通信设备的成本不断上涨的问题，若不是在苦苦撑着，我反倒感到惊讶。”

坐在你左边的简，为筹备这个计划投入了大量的时间和精力。她使劲地点着头。

“面对这一切变化，”汉克问道，“我们那些历史沿袭下来的惯常做法，不论多么重要，或者看起来多么有效，墨守成规难道真的不更危险吗？我们认为，在新的环境下坚持过去的做法不会带来和以前相同的效果，这在道理上难道说不过去吗？难道我们不要尽力去适应吗？第一次尝试不一定是完美的，但像这种情况，显然形势是在变化的，比如经费、成本、电子设备等。我们认为，与采取一些新的措施相比，墨守成规产生的问题会更多，这难道不合理吗？”

他那一连串的反问在空中回荡。你在等更多的反问。等了一会儿，但……他没再说下去。

爱丽丝闭上双眼，眉毛上扬，戴着钻戒的那只手轻柔地放在左边的脸颊上。突然她睁开双眼，立即开始长篇大论，什么图书馆的历史啦、运作流程啦、合作关系啦，还有更多。要跟上她的节奏，你感到力不从心，于是开始记录一些要点。这时，你发现你字写得也不够快。

汉克面无表情地站着，主要看着爱丽丝说话，但偶尔也扫视一下会场。过了一分钟，肯定不到两分钟，他说：“爱丽丝。”她没停下来。“爱丽丝。”这次他声音稍稍大了些。她放慢语速，然后停了下来，好像要喘口气。汉克说：“你提的这些要点，我觉得，委员会也讨论过了。”

简一个劲儿地点头。汉克看了看她，又把注意力转向了爱丽丝。

“我想，在下面的一小时里，我们可能会一一讨论你那些议题，但我不确定那样有没有用或有没有必要。不论我们讨论多长时间，基本议题不会变。是的，像这种计划，我们过去从没做过。是的，我们过去的事情进展得很好。但图书馆面对的形势是在变化的，我们知道，最终不能适应变化的人会越来越失败。”

爱丽丝想开口回应，但还没等她说出来，她右边的人说道：“没人会为那点事争论不休，我们接着讨论那个计划吧。今晚我们时间有限，还有很多问题要讨论呢。”

你很快环顾了一下左右。汉克的原则之一是不仅仅要观察让人头疼的抨击者，更要看到观众的整体反应。他以非常坚定的语气说过，真正的目标，不是要赢得所有那些持反对意见的人全心全意的支持，其中一些人——由于种种原因——永远不会被争取过来，即便他们人很好，也很讲道理；真正的目标是赢得大多数人全身心的支持，不只是51%。他说，尽管有“大部分”人的“支持”，最好的主意也可能会陷入僵局。

你很快扫视了一下观众。从他们的表情上，你看出汉克那非常简单的回应并未达到令人为之叫绝的程度。但你看到他们在点头，只有两三个人显得特别生气（爱丽丝最为突出）。

汉克对爱丽丝说：“因为这是个根本性的问题，你把它提出来了，很有用。谢谢你，爱丽丝。”

对刚刚发生的一切，你还没开始回过味来，已有三只手举了起来。其中就有迪卫特斯·阿滕提，汉克没喊到他，他就站了起来。

迪卫特斯说："卢克斯·斯马提告诉我，我们这个州有四个好的图书馆根本就没有电脑。一台也没有！"

他停顿了一下，对卢克斯点了点头，接着说道："我们尤其缺少资金来维持图书馆的基本运转，如书籍、大楼的维护、馆员的工资等，难道不该研究研究我们这些真正的问题吗？卢克斯（又向斯马提先生点了点头）算了一下……"

迪卫特斯从他的外套里拿出一张纸。

"我们的人均支出比南部的大部分城市少31.5%，也许……"

他眯着眼睛看着那张纸。

"……比我们北部邻近的城市少27.2%。那还不算……"

他又眯眼看纸上的内容，然后直接就照着读了。

"……'资本贬值'，如果把它考虑进去，或许数据甚至会更大。"

不知道会场上有多少人知道"资本贬值"的意思。你自己知不知道还不一定呢！

你看到很多人慢慢把目光从迪卫特斯转向卢克斯。显然，卢克斯对这份关注并不反感。

迪卫特斯把手放下来，然后皱了皱眉头。

"现在，我想详细谈谈我们图书馆的预算和——也许更为相关的——市里的预算。"

卢克斯用左手举起一沓厚厚的、页脚都卷起来的文件。

“卢克斯对税率做了分析。坦白地讲，我不完全看得懂，但看起来非常令人担忧。”

卢克斯表情严肃地点了点头。你闭上眼睛尽量保持克制。

迪卫特斯接着说道：“但问题很清楚。在总预算方面我们需要资金，这比配置好的电脑更重要。这才是我们今晚应该讨论的议题。”

卢克斯邻座的人开始和他交谈。除了“30%！”，你听不见那人在说什么，而后你看见那人眼睛瞪得好大。你把目光转向迪卫特斯现在拿着的那份页脚都卷起来了的文件，它至少有 50 页或许更多。前排有人在摇头，说到了有关税收的事情。

多年来，对卢克斯“会场上唯我智商最高”的把戏和迪卫特斯屡屡在会议上转移他人注意力的做法，你已习以为常。这两个人确实都不坏，但非常讨厌的是，他们稀里糊涂地卷入了你所关心的事情的讨论。你内心真有点想把什么东西丢到他们脸上去——你知道那个计划的很多细节，而他们不知道啊。应该以此为你的优势。可汉克的原则之一是，不要反击。昨晚他多次强调“要尊重每个人”。

汉克看着他的记录。你深吸了一口气，尽量集中注意力，却又一次发现做到这点不容易。

问题很清楚，对于你提出的计划是否合理，迪卫特斯不关心，他好像就要把这次会议变成关于预算的峰会。

如果涉及预算，尤其是议题突然转向市里的预算，不仅任何讨论会无休止地进行下去（更多地要把你的计划无限搁置？），而且还将充斥各种各样无法回答的问题和错误信息，人们因此而迷惑不解（更多的困惑）。人们也会卷入诸如税率之类的带有情绪性话题的争论当中（制造恐慌）。时钟滴滴答答地走着，你意识到必须说些什么了，以把讨论拉回正轨，但你并不十分清楚说什么会奏效。

汉克说："迪卫特斯，我同意钱多好办事。但今晚的议题不是图书馆或市里的预算问题，而是与我们图书馆的电脑有关的一项计划，如果推行这项计划，我们就能以协议价促成设备升级，对这个城市、图书馆及广大读者有很多好处。我们或许可以以后找个时间谈谈市里的预算及应分配给图书馆多少的问题。"

从迪卫特斯的表情上，你看出他没有就此罢休的意思，特别是卢克斯又塞给他一些纸条。

"我承认，"汉克接着说道，"资金对我们大部分人来说始终是个问题。但如果一家机构——图书馆、工商企业、医院等——的成功就是由充足的预算带来的话，我真的不敢苟同。"

你看了看与会者。

"据我观察，"汉克说，"好的机构更可能是由具有奉献精神的人创造的，如图书馆员工和花时间帮助筹备这个计划的人。好的机构离不开稀缺资源的有效利用，无疑也离不开好主意——比如现在审议的这个。”

迪卫特斯看着卢克斯刚刚给他的几张纸，想开口回应，但看到分别坐在他两边的女士在点头，他犹豫了。

汉克环顾了一下左右。

还没等迪卫特斯说什么，四只手就举起来了。

你欲言又止。你记得汉克说过，像迪卫特斯和卢克斯那样的人虽然制造点麻烦，但他们不是坏人。迪卫特斯没有偷税漏税，没有在大街上倒垃圾，也没有谋划推翻联邦政府，至少可能没那么做，所以不要觉得他是那样的人。

你话到嘴边又咽了回去。

尽管那四只手一直举着，但这时有人没举手就站起来了。

好戏开始了。那人是鲍姆巴斯 · 梅亚尼。

鲍姆巴斯穿的是一件马甲。只见他挺起胸膛说：“从某种程度上来说，这个计划提得很巧妙。对你的筹备工作，我应该表示赞赏。”

多年来你对鲍姆巴斯越来越失去耐心，真希望有人会说：“你坐下吧！”不过那不大可能。

“但坦率地讲，”他接着说道，“我要说的是，你确实夸大了现存的问题。我认为，如果多看看这里的情况，你就会发现，为我们图书馆努力搞到一些电脑一点都不重要。这么说吧，我也不认为我们的议题是讨论图书馆的预算，但我们肯定要关注市里的总体规划，那会影响我们所有的人，不论是年轻人还是老年人，有钱人还是没钱人，比图书馆的读者多得多。”

出于某种难以名状的原因，他说话其实很有政治家的范儿。

“当然，谈到总体规划，需要有宽阔视野的人，但我相信肯定能找到这样的人。”

你邻座有人翻了翻眼睛。

“我们都知道，人必须要做出选择。要我说，这个关于电脑的议题很不重要。我不希望对此过分批评，真的不希望，”——你的邻座咳了一下，可能是忍着不让自己笑出声来——“尤其是你肯定为这个计划出了不少力。但我必须坦诚地说，恐怕你把时间浪费了。”

这样，他先是以高高在上的姿态表扬了你一番，然后，尽管他“不想这么去做”，还是达到了目的：以表扬你为名，实际是在让汉克难堪。(这就是嘲讽！)

坐在你旁边的简·加拉格肯定非常生气，因为她在这个项目上花了很多很多的时间。稍稍转过头，你就能看到她气得满脸通红。她要张口反驳了，可话还没说出来，你就抓住了她的手——紧紧地抓着。她盯着你，有点不服气，但还是把嘴闭上了。

头转回来，你看到有些人在点头。真的太不可思议了！竟然有人听这种人的，他一直鼓吹他个人的重要性（“需要有宽阔视野的人”，比如他！），他以最为绅士的方式，猛烈抨击他人（比如你、汉克和简）。可有人就是听他的，这是为什么呢……伶牙俐齿？聪明过人？有领导的架势？还是令人生畏？

时钟滴滴答答地走着，你脑子里在权衡怎样回应。鲍姆巴斯看起来对市里男女老少的将来都感到忧心忡忡啊。人们在等你回应，可你的朋友们却毫无反应！

汉克清了清嗓子说：“鲍姆巴斯，我尊重你的言论，但不同意。”

虽然你很难想象一个人怎么拉着脸还能说出“尊重”一词呢，但不管怎么样，汉克做到了。

“我在图书馆见过我们的一些孩子因现有电脑设备不足而浪费了时间。这些孩子的压力呢，肯定比我在他们这个年龄时大得多。”

他显然说得很对。

汉克接着说道：“其中一些孩子每天上学、做作业，有时还做做兼职，这好像要花去14个小时。在他们看来，或者至少对其中的许多孩子来说，我们并没有把问题夸大。”

你看了看梅琳达，她是那些学习、工作时间超长，且家境不大富裕的中学生的典型代表。汉克也看了看她。这些眼光让她有点难为情，只见她从桌子底下拉出一个书包，放在桌上。那个包重约 100 磅，看起来像是第二次世界大战后不久生产的。

汉克没说话。终于，鲍姆巴斯打破沉默，彬彬有礼地说："我觉得你还是夸大其词，但是我们必须始终如一地关爱孩子们，这是毫无疑问的。"

他坐在那里，看起来更像个政治家了，似乎认为他与汉克和你论辩，他占了上风，比分是 1 : 0。

你拿起面前桌上的塑料瓶，喝了一小口水。

两只手举了起来。你看了看他们和其他的与会者，到目前为止，汉克的回应看来没有带来任何问题。与 20 分钟前相比，点头的人多了一些。你有了这样的想法：如果汉克这时停下来，开始投票表决，你或许会得到 51% 的与会者的认可，这些人很理性，考虑问题一般也比较周全。可你又一次想起汉克昨晚多次强调，你需要的不单单是那 51% 的投票。

他说过，51% 的投票或许能赢得总统选举（或不能），但在这儿，你需要更多的人体会到（不仅仅是认为）这个想法很重要（不仅仅是合乎常理）。不然，在实施过程中遇到问题时——由于存在不确定因素或那些说"不"的人，问题总会有的——计划还是会偏离正常轨道，因为那时就不会有足够的人力、精力和时间去解决那些问题。这种结果显然是不可接受的。

在向汉克挥手示意的两个人中，其中之一就是爱丽丝·威利，但她挥得很带劲儿，几近狂躁，也没有明显要放弃的意思。汉克向她点了点头。

她的语气不再有一丁点儿的友好："如果电脑问题事关重大，如果图书馆工作人员也没能解决这个问题，那你不就是在说他们工作没做好吗？我觉得那就毫无道理，没任何事实依据，直白地说，这就是对他们的侮辱。"

此言一出，昏昏欲睡的人都立马意识清醒了。激辩中产生的火花肯定能引起人们的关注！

汉克轻轻地点点头，若有所思，然后说道："爱丽丝，如果我有任何认为图书馆员工工作做得不好的意思，那我道歉，因为议题根本与有没有工作能力无关。"

"我们的议题是怎样能给图书馆员工配置好设备，以便于让他们的工作达到更高的标准——这是他们，和你，肯定所期望的。"

你点点头，汉克说得显然没错。

"我们发现有个问题，这个问题使我们的员工无法提供我们需要的那种服务，我们也找到了有助于解决这个问题的办法，那就是这个计划中提到的方案。我们应给员工配置更好的设备——这里是指更好的电脑。就凭他们为我们所做的一切，他们应当配有最好的设备。"

看来与会者领会了他的意思，他停顿了一下。话说得很巧妙，也没错。图书馆员工工作能力强，但同时也存在电脑设备落后的问题。这不是二选一的事儿。

你看了看图书馆馆长，她是一个非常温和善良的老太太。汉克向她点头致意。她没有站起来，也没鼓掌，但她确实会意地笑了。

你还在冒汗，但比 5 分钟前少得多了。

会议室后排有人提出了下一个问题。你看不到是谁。

“汉克，是不是可以认为所有全职的馆员都支持这个计划呢？”

汉克把头转向简，只见她清了清嗓子，用最大的声音说：“完全支持。”

馆长慢慢地站了起来，面向提问的那人说：“是的。”

后排的那个男士说：“谢谢。那好，算我一个，我认为这个计划很好。”

你脑子里闪出个念头，不论他是谁，可以给他发个礼品券或其他什么东西。但很快就有人提出下一个问题，提问者不是别人，正是奈斯·欧德曼[㊀]。

奈斯应该有八十五六岁了吧。你记得他已多年不在市政会议上发言了，今晚他发言的概率很大。是不是因为他可能

㊀ 原文为 Nici Oldman，即“Nice Oldman”，意为“和善的老头儿”，此处为音译。——译者注

对电脑一窍不通，所以会完全排斥这个计划呢？是不是他真的宁愿新计划是要采购更多他喜欢的书，才不管什么电脑不电脑的呢？因为他没多少钱，是不是鲍姆巴斯贿赂过他，让他反对你的计划呢？

汉克让他发言。他站起来说："我们可以休息一会儿，很快去下洗手间吗？"

太搞笑了。汉克对大家说，这个主意不错。人们陆续站了起来。你也起身去把水瓶填满。

第3章

力挽狂澜（二）

休息期间，一些人还是不断给你提出建议，大都自相矛盾。有人从你身边走过，有意识地避免和你对视。但谢天谢地，还是有些小惊喜的，至少有三四个人喜笑颜开，向你竖起了大拇指，或以其他方式表示事情或许会进展得很顺利。

很多东西飞快地闪现在你的脑海里。昨晚汉克谈到了混淆视听和无限拖延产生的威力，这就意味着面对隐秘的抨击，较少回应的效果通常会更好。显然，他就是那样回应的，也很有效，不是吗？可是，明显支持这个计划的那么多人怎么就不发言呢？是他们认为已经锁定足够的选票了呢？还是觉得汉克回应得很好了，根本不需要他们发表意见？

你走到会场前面的时候，精神科医生塞思对你说，汉克把这个“回击还是逃避”的问题处理得真棒。你隐隐约约明白他指的是：本能地激辩一番还是仓皇开溜。显然，塞思觉得现在谈这个话题很有意思，但你却不这样认为。

不到一刻钟，市民朋友们差不多都回到了各自的座位上。

虽然你自信心增强了，但还是希望马上投票表决并获得大多数人支持，这样就能回家了。

当然，那是愿望，不是现实。

阿弗伊德斯 · 雷斯基向汉克挥了挥手。

阿弗伊德斯是当地一家书店的销售人员，她为人总体还好，愿意帮人，也很机灵。不过，因为时运不济，再加上她大学毕业后屡屡碰壁，所以也没取得多大成就。她通常都显得一副忧心忡忡的样子，尽管她有所掩饰。在昨晚和汉克的交谈中，你就料到她今晚可能会参会，并且可能会对你的计划深表忧虑。

“也许，我们确实面临一个机会，”阿弗伊德斯说，“可我觉得你的计划不能解决任何问题，反而给我们带来一些问题。”

她举起左手，伸出食指表示要说第一点了。

“怎么界定‘森特维尔市的家庭’？你的计划上说，每6个家庭购买一台电脑，就免费送图书馆一台。可什么是一个‘森特维尔市的家庭’？仅仅指夫妻二人吗？包不包括他们成年的孩子？姻亲姐妹呢？还有就是，谁说了算呢？如果界定过于宽泛，电脑商的律师可能会找上门来。还有，如果界定过于狭窄的话，市民请的律师甚至也会找我们。”

一些与会者刚才表露出来的是满意或中立的态度，“律师”这个词一下子让他们皱起了眉头。你脑子里想到了汉克写的那个抨击策略：制造恐慌。

“森特维尔电脑公司有没有可能大幅度抬高价格呢？考虑过可能加价多少及其对这个计划的影响吗？有人做过报表吗？”

她表情非常严肃地说到“报表”时，你眨了眨眼睛。

“还有，怎样确保捐赠的电脑不是厂里生产的次品呢？你有一套流程来检验每台机器吗？由谁来检验？什么时候检验？检验费是多少？还有就是路上的运费由谁负担呢？”

她一连串的发问听起来让人觉得，你好像是在建议弗兰克老太太必须去玩蹦极。

你依稀记得昨晚汉克把这种方式叫做“什么什么怎么样”式的抨击言论。他还说，它通常是不好应付的。人们会无休止地向你提出“要是什么又怎样”的问题，即便你尽量耐心地去回答那些本来就无法回答的问题，人们也慢慢会形成这样的印象：所提的计划充满变数，继而会觉得风险太大，无法接受。

汉克温和地说：“阿弗伊德斯，请允许我插几句……”

她有些不情愿，但还是停了下来，不再与大家分享她那些好像没完没了的问题。

“你问得没错，阿弗伊德斯，我们还没时间去考虑许多细节。现在也没时间去考虑，因为对于这个计划的推进，我们今晚需要的是大家认可它的基本要点。但至于你所担心的事，我相信到时候会一一解决的。”

他停顿了一下，看了一眼所做的记录。

“我承认，现在我不能做出百分之百的保证。但我希望大家记住一点，给人们提供便利的、值得去推行的好点子并不是每天都有的。一开始，新的好点子带来的问题总是比它们实际上能解决的问题要多一些，难道不是吗？但随着我们不断向前推进，肯定能把细节问题解决好，这是毫无疑问的。

所以我希望大家帮我们把这个计划实施下去。”

阿弗伊德斯环顾了一下会场，你想她是在寻求支持。不想更多地冒险了——她可是个规避风险的人——看到大家对她的言论几乎毫无热情，她就没再说什么。

会场左边有人举手了，你不认识他。汉克朝他的方向指了指，那人说：“阿弗伊德斯说得很好，我自己听出来了。如果你们只是想举手表决通过，那还像这样开会讨论干吗？请主席现在就宣布表决，还是接着讨论？”

那人皱着眉头，说话语气一点都不友好。在他左右的两个人看起来同样是气呼呼的。为什么呢？他们只是想早点回家吗？他们也像爱丽丝·威利和阿弗伊德斯一样对这个电脑计划不满吗？是不是经过这一系列的负面言论，他们觉得现在投票表决，可能就有**51%**的人反对呢？你在尽可能更加认真地读懂他们的表情，这时本蒂·温迪举起了手。

就在开会之前，本蒂告诉你，她觉得那个计划真是太棒了。然后她就不停地在说，直到你不得不礼貌地打断她，你还要看发言稿呢。

这很好。也许就在需要大力夸赞这个计划的时候，她会美言几句。

本蒂是个老师，待人和蔼，非常敬业——性格活泼风趣、能说会道、嗓音悦耳，但有点怪怪的。不过和一小时前不一样，她脸上没了笑容。

“你好像能解答一切问题啊，”她对汉克说。“但我听到的，让我很担忧。你说要花大气力进行技术升级，可是，难道我们真的不应该把工作重点放在提高藏书的质量上吗？我们都是要看书的，多阅读、多学习……对吗？”

她环顾了一下会场，像是要确定她的所说就是他人的所想。

“那才是我们关心的，那才是我们一直所关心的。而且，我自己坚信我们的价值观念和这座图书馆的成功运转有很大的关系。”她停顿了一下，有点急切地想看看是否有人会挑战这个似乎不容置疑的话题。“可是，看看这个计划吧。它与书有关吗？它的核心部分与阅读和文化水平有关吗？我看不出有什么关系。我觉得这个计划是在削弱我们的传统价值观。”

说完她坐了下来。她的那些话重重地砸在你的心头，你本该能料想到的。今晚大部分措辞激烈的言论都是反对意见。尽管汉克回应得也很好，但本蒂往往是会随大流的。

你转动脑筋一想，她说什么来着？她的意思爱丽丝已经说过了，不是吗？可她的重点在于“削弱传统价值观”而不是“我们已经很成功了——为什么要冒险求变呢？”

你内心真有点希望汉克不要理她，继续回答其他问题。

多年来，那些坚守传统价值的人以所谓传统价值观为由抨击过太多的好主意。他们或另有企图，或真心就想生活在过去。

但你也知道手头就有个令人信服的事例，立刻就想到了图书馆附近查普曼家开的五金店。其他一些人也会想到的——这又让你紧张了起来。

迈克·查普曼的父亲在市里开了一家大型的五金店，秉承的理念是要善待每一位顾客。他去世后，迈克接手，这一理念就开始慢慢消失了。老员工退休了，时代也变了。新生代员工的成长环境有很大的不同，但迈克似乎对此没有采取任何举措。他并未对新员工就维护与顾客的关系进行培训，因为你邻居家的儿子去年夏天就在那里上班。当然后果很明显。

如今的生意不一样了，不仅表现在店里出售的产品上，更重要的还表现在员工们深为关切的事情也发生了变化。你怀疑森特维尔市是不是还有人对那家店感到满意。

汉克又一次点了点头。“本蒂，其实我想，坚持传统价值观并不意味着不与时俱进吧。历史上到处都是这样的事例，很多组织和国家因为不能适应变化而最终失去了它们非常珍惜的东西。”

你看了看与会者，不只是本蒂。

“因为图书馆的员工非常关切读写能力和文化水平，所以多年来他们坚持为市民提供很好的服务，这一点我完全同意。我也是很难想象我们为什么求变呢。但是，给图书馆配备最新的设备的确有助于它更好地提升市民的读写能力和文化水平。如果不配置的话，就是对我们这个城市的未来不负责任。人们慢慢就会发现这里设备短缺，员工综合能力下降，因此就不再来了。这样的话，我们所秉承的传统也就慢慢消失了。”

他停顿了一下，似乎要喘口气。

“不管怎样，我觉得我们计划所做的，有助于图书馆坚守重要理念及其所能代表的方方面面。话这么说听起来有点费解——为了保持其他方面的不变，我们必须在一些方面有所变革。我可举出许多例子来，因为不与时俱进，传统价值最终还是丢掉了。”

他没有说“例如，查普曼的五金店”，但你注意到一些人把目光瞥向迈克店里的一名退休员工。他给了汉克一个眼神，好像在说，你说得没错。迈克的儿子没有与时俱进，真让人惋惜。

本蒂还没能做出回应，卢克斯·斯马提站起来说：“我觉得你的计划似乎太简单了。”

他把“简单”说得听起来更像是“弱智”。

“如今图书馆面临诸多复杂的挑战，建议配备一些电脑就能把它们神奇地解决掉，太不可思议了吧。”

你和汉克都没说过那样的话呀。

“我承认，图书馆配备好电脑会更方便，”卢克斯说，“但如今大部分人家里都有电脑，这事重要吗？”

贫穷的孩子家里没有啊。一些靠固定收入生活的老人家里也没有。

卢克斯接着说道：“图书馆要提供卓越服务，涉及的关键因素很复杂。它包括馆员的素质、工资和福利待遇、图书的质量、有限场地的使用、大楼的维护等，当然还有很多。”

你希望他不要再往下说了。当然，他会的。

“看来你们不了解这样的问题。建议配备一些新电脑就能很神奇地把这些问题都解决了，这也太荒唐了吧。”

卢克斯坐了下来，显得很是得意。

你尽量集中注意力。他说什么来着？仅仅靠一个简单的计划不会解决所有的问题。没错，支持这个计划的人也没说要用它去解决所有的问题呀。

汉克说：“卢克斯，如果我们把这个配置电脑的计划陈述得像是要解决图书馆面临的许多问题的话，那是我们说得不到位。卓越的服务是需要高质量的图书、场地的有效利用和好的且代价不高的维护，但更重要的是，需要追求卓越的员工队伍。”

昨晚，汉克给你讲了他公司里一个人的故事，你记忆犹新。那人很是令人不爽。鉴于某一问题的复杂性，他经常以

“极其简单”为由否决一些建议。汉克也和你分享了他曾见过的对付这种抨击言论最有效的方法。

“卢克斯，图书馆的员工已提出来，电脑的具体问题需要解决一下。这就是我们现在讨论这件事的原因。他们知道，我们也清楚，它只是诸多问题的一个方面，但就这个问题来说，我们很幸运找到了一个好机会，有公司愿意向我们捐赠电脑。”

汉克轻松地笑了笑。“所以——这儿没有什么能解决所有问题的灵丹妙药。实际上，那样极其简单的解决方案才是不现实的。这项计划仅是来解决诸多问题的一个方面，它的核心是，总有好公民在做我们需要他们做的事，而且他们自已也觉得值得去做。”

馆长听得喜笑颜开。

你的脑筋又一次快速地转了起来，想到了下面的等式：笑容满面的图书馆员工 = 支持你的计划；向你们抛出连珠炮式的问题 = 不支持；汉克到此刻为止的回应 = 非常好；坐在第三排的鲍姆巴斯看起来很机敏、很狡猾 = 特别讨厌。

汉克只是按昨晚他说的按部就班行事。运用基本套路就是尊重每个人；应答简单、合乎情理；始终观察全体与会者的反应。(显然）还有他那 3 页纸上记录的细节。可你仍对他处理问题时表现出的干练果断惊叹不已。你瞄了瞄他桌上，就 3 页纸，而不是 33 页（或 133 页）！

你注意到第一排有人在盯着你看。他日子过得一直很艰难，2 年前他下岗了，14 个月以来他推掉了很多工作，因为那些工作要求低，发挥不出他的水平，但他最终还是找了份好工作。不幸的是，那家公司发展受阻，他又失业了。今晚他看起来像被霜打了一样。他有两个孩子，家里虽然有电脑，但与现在图书馆里的落后电脑相比，也好不到哪儿去。计划如果得不到推行，对他来说很遗憾，也很不公平。

你希望有人对你的计划另外再美言几句。但一只手举了起来，……是阿弗伊德斯·雷斯基。汉克请她发言。

“我很担心，”她对与会者说，“因为这一点没人提，是吧？我的意思是，如果这是个特好的计划，之前为什么不做呢？”

从坐在她右边的人做出的表情，我们就能联想到他心里在说：“我怎么没想到这点呢。”

阿弗伊德斯接着说道：“我想，随着计划的推进，森特维尔电脑公司会慢慢意识到这种投资项目运作得不好，这样整个事情就失败了。”

说完后，她坐了下来。

汉克说：“阿弗伊德斯，我同意，这个计划在森特维尔市是第一次。可每件事情都有第一次。我知道虽然其他一些城市肯定也做过类似的安排，但肯定不会和我们的计划一模一样。”

你听得很入神。最近是不是有什么政策上的变化，让这种交易比过去更切实可行或对公司更有利呢？汉克显然和你想到了一起，因为他说："我最近了解到，对这种带有'促销性质'的捐赠，税收方面的政策刚刚有所变化，会对公司更有利，这可能是其他城市以前没做过这类事情的一个原因吧。"

你还想用个更好的例子来增强汉克的说服力，但什么也想不起来，这可能也无关紧要。

"一般来说，"他接着说，"像我们图书馆这样的组织如今确实应该更要有创新思维，因为形势看来的确发生了很大的变化。总之，我觉得，如果我们能在某些方面走到最前端，那就再好不过了。"

在汉克回应前，你就想到他会这样说的。这个念头让你感觉很好（也不那么生气了）。你也是在学习啊。

又有两个人表态支持这个计划。细节我们就不说了，因为他们真的就说了这么几句话：这显然是个好主意；我们现在就投赞成票。

但是接着……

鲍姆巴斯温厚地笑了笑，又站起来了。他朝汉克看了看，但稍稍避开和他对视。"我的确非常欣赏你们这么多人对此事付出的努力。对我之前的担忧，你们的回应也令我欣慰。但是呢，看来你们没意识到，你们的计划恐怕有个致命的缺陷。”

他手里还拿着东西。

“我这儿有份去年的报纸，上面有一篇报道，是关于因电脑故障而引起房屋失火的。事关的电脑就是从……森特维尔电脑公司买的。”

他看起来很是担忧，很是关心他的邻居们。

“很明显，你们没意识到这个问题，或者出于披露信息的需要，你们现在也应提提这事。这个计划在这么仓促的情况下制订出来，我想是不是还忽略了其他问题，这很令人担忧。在这种情况下，我觉得，为了避免我们的相关设施将来遭受无谓的风险，把这个计划提交给图书馆安全委员会审查一下会更好些。”

你对那场火灾一无所知，可鲍姆巴斯知道这事肯定有一段时间了。他应该事先跟你通通气，这样你就能核查一下这事是否会影响到你的计划。可他却让你当众难堪，还带着那种和善的政治家式的笑容。

听了鲍姆巴斯关于失火的事，一些与会者突然显出担忧的表情，但更多的人表现出的是恼火。他们厌烦了他的滑稽言论了吗？

你的大脑快速转了起来（你已驾轻就熟）。汉克（或你）都可以这样回应：个案不能证明什么（这没错）。可鲍姆巴斯接着就会把你置于防守的境地，比如他会说：“是的，它明显是个个案，可大家想想一旦发生火灾，无法控制火势，就会有人受伤。如果是孩子或亨莉女士受伤呢？”亨莉女士是两名助理馆员之一，这个老奶奶为人善良，很有人缘。接着你说什么呢？“发生这事的概率很小？”“不远处就有医院？”

汉克说：“首先，感谢你对我的努力表示欣赏，但我必须强调的是，那些赞赏的话语不仅仅属于我，是一个很大的团队构想出了这个计划。谢谢大家。”

汉克的回应很聪明。这样，鲍姆巴斯，你就是在攻击一个团队，说他们的计划可能会伤害孩子们和慈祥的老太太。

“谢谢你，鲍姆巴斯，你提到的火灾对我们也有帮助。在推行计划的过程中，我们还会密切留意，严加核查，以防不测。”

哈！话音刚落，你第一次接着他的话说道：“实际上，这也是为什么我们要事先把这个计划放到会上讨论一下，这样我们就能提前排查出任何诸如此类的隐患。之前，即便是消防队长，也没有人对森特维尔电脑公司要捐赠的电脑的安全问题表示任何担忧，但既然你提出来了，我们肯定要调查一下。”

消防队长在市里很受尊敬。接着你说：“尽管这样，我说的是，事先已有人指出很多很多其他潜在的隐患，都轻而易举地解决了。我敢肯定这种情况也一样——毕竟那是标准的具有安全认证的名牌电脑啊。我觉得，真的不需要让我们的安全委员会去审查一下UL[⊖]的工作。但是，当然啦，火灾的事我们会调查的。”

就在一些其他与会者开始对电脑安全的可信度表示隐隐担忧的时候，你很快就接着说道：“如果其他人有类似的看来比较严重的问题还没有向我们说明的话，请在今晚会后或明天和我们沟通一下。我们会立即去核查一下。如果存在问题，我相信会有很好的解决方案——到现在为止，我们碰到的每一个潜在的问题都解决得很好啊。”

说完你就有点担心，话说得可能太刺耳，或不大恰当有失敬意。但汉克向你点了点头，打消了你的疑虑，他也没再说什么。

也许你慢慢学到了应对这种情况的窍门。

迪卫特斯·阿滕提跳起来说：“这些座位真硬，坐着难受。”他笑了笑，“我建议再休息一下，这次是20分钟，最好是25分钟。我们一些人可以利用这个机会谈谈给市政委员会的另外一个议案”。

你明白他的言外之意，还没看看汉克的反应，就说道：“我觉得大家都想着早点回家，所以还是围绕会议议题抓紧

⊖ （美国）保险商试验所（Underwrites Laboratories，UL），世界上从事安全试验和鉴定的较大民间机构。在100多年的发展过程中，UL自身具有一套严密的组织管理体制、标准开发和产品认证程序。——译者注

时间讨论吧。”

你看到一些与会者在（硬硬的木质）座位上不适地动来动去。

“要不就休息 5 分钟，舒展舒展身体也挺好。”

汉克点了点头，迪卫特斯皱起了眉头，人们纷纷站了起来。

会议休息期间，肯定有些人会或向你表达良好祝愿，或分散你的注意力，或提出建议。为了避开他们，你拽着汉克溜到了会场后面的入口处。

“你表现得太棒了，”你告诉汉克，“可他们纠缠到什么时候才是个头啊？”

他耸了耸肩说：“首先是我们表现得很好。这不再是我一个人的事。而且要记住，‘他们’只占整个与会者的 10% 左右，但你说得没错，他们还会继续反对下去。”

看着他左手上拿着的记录，汉克非常淡定地说：“还会有很多方法使这个提议偏离正轨的。”

你看了看汉克的记录，上面记着种种反对意见，但你很难看懂。

- 这会使我们面临的情况越来越糟！
- 它不够深入。
- 它过于深入！
- 你不能两者兼得啊！首先你说……

- 这需要做太多的工作，我们已经很忙了。
- 你永远无法说服足够的人。
- 这件事我们根本无能为力。我们没有……

看到你一脸疑惑，汉克说："是的，这些都能阻止计划的实施。但也有很好的办法，简单、坦率地回应就是了。"

你听到一些嘈杂的声音。有人过来了。里面有人喊道："汉克，你在外面吗？我们准备开始啦。"

第4章

力挽狂澜（三）

返回会场时，你看到了一位女士。在准备这个关于电脑的提议期间，你见过她女儿两次，十来岁的样子。你不认识这位母亲，但你知道她现在的日子不好过。离婚了？失业了？还是得了什么病，又没有足够的医保呢？家里有最高配置的电脑、打印机，上网速度还很快，对那个小女孩来说，这种可能性是微乎其微的。

你拍了拍手，与会者慢慢安静了下来。

主席说："好吧，我们接着讨论。"

话音刚落，卢克斯 · 斯马提立刻站了起来说："我一直在听大家讨论，现在突然想起我们以前确实试着做过这种事，但没成功。我还奇怪我之前怎么就没想到这一点呢。"

你不知道他可能指的是什么事。

"我说的是，6 年前那个水暖设备公司和我们消防部门的事情。"

他停顿了一下，为自己能想起这种陈谷子烂芝麻的事儿而显得洋洋自得。

"当时，消防部门的预算很紧张。但确实额外需要，"他眨了眨眼睛，朝空中望了望，"4% 的预算外资金。卡尔文水暖设备公司同意换掉那些旧水管，但有个和这个计划差不多的促销计划，还记得结果怎么样吗？"

大部分人看起来有点迷惑不解，但还是有兴趣听他说下去。

“消防部门觉得这样安排是可行的，提前把一些水管给拆除了。结果呢，没有足够的人去买那家公司的水暖设备，他们给的东西也就不够用，那真是一团糟。”

卢克斯还在说着那些非常令人不快的细节，什么水管质量啦，出现的偏差啦，甚至还有什么洗手间里“水漫金山”啦。这基本上是另外一种制造恐慌的策略，对大家造成的负面影响很大。赶快想办法应对吧。

你记得，昨晚你和汉克谈到过这种策略。汉克说，对此，最好的回应不是很极端地指出“那太荒谬了”，也不要试着去仔细剖析过去失败的案例，那既费时间又很无聊。那样的话，你可能还会因掌握的信息不够而无法予以很好的回应，在别人看来，你就是准备不足。他说，最好的回应很简单：“此一时，彼一时。第一批人想办法要制造一台电脑，失败了，而且可能看起来还很愚蠢，但那不意味着它永远就是个不好的想法。”

现在，汉克很快就用事例做出了回应，比那个制造电脑的例子还好：“有人设法制造出人人都买得起的轿车，可他的第一次尝试失败了。他不得不让一些人下岗，还遭受着财务上的重重困难。谢天谢地！那次失败并没有阻止亨利·福特[⊖]做进一步的尝试。”许多人点头表示认可，汉克立即请下

⊖ 亨利·福特，福特汽车公司的建立者，世界上第一位使用流水线大批量生产汽车的人。他使汽车成为了一种大众产品。——译者注

一位发言。

卢克斯还想说点什么，汉克却指了指海蒂·阿根达，让她发言。

“我刚才在想，推行这个计划的时机也许不对，”她说，“难道现在不是图书馆采购的旺季吗？难道不需要员工集中大量的精力去做这事吗？这件事在两三个月内难道不是更重要的吗？”

在做开场白的时候，你说得很明确，如果今晚不把这事定下来，那个计划就泡汤了。海蒂不是白痴。因此，你又一次觉得，她肯定……

你在想她真正关心的是什么。假如她很了解自己的真实意图，你就要想方设法把真话给套出来，虽然对她来说这不公平。转念又一想，这样的思路没用。

更为有用的是，你意识到生活中你多次碰到过这种时机不对的言论。例如，“我们必须等另一个项目做完了，才能做一个新的项目”“本市关于消防车有了重大提议，所以现在暂时把第二个提议放一放，等第一个完成了我们再考虑第二个”等。这就是无限搁置策略。

汉克承认，我们要留意工作负担过重的问题。但……“别忘了我们能一边走路，同时还能嚼着口香糖。我觉得至少我能做到这一点。”

一些人偷偷地笑了。

记得昨晚汉克在“辅导”你时，你说：“根据我多年的观察，不一定必须要等一些项目百分之百地做完了再开始做另一个，它们是可以交叉进行的。一个项目结束，另一个项目开始，通常二者的界限没那么分明”。

汉克承认，手上可能有122个项目，再加一个成了123个，当然也有可能太多了。但如果真是那样的话，甚至不用提出什么新的想法：把第122个项目规模缩减到可控的范围内就可以了。

汉克很圆满地做出了回应，这时你想起了10年前工作上的一件事：一个非常聪明的同事在设法否决一个好计划时说：“这个想法很棒，或要等到公司的50周年纪念日，才会和其他计划一起发挥更好的协同效应。”

海蒂没有坐下来，她还在坚持己见。

“提到的那些方面都很好。”她也承认了。

她的嗓门越来越高，越来越坚信自己的看法。你注意到左边一些人刚才也许还在发短信给爱人、孩子、理发师——谁知道呢——已经停下来，开始听她讲话了。

“好吧，这也许是个好计划，但在这儿是行不通的。”海蒂坚决地摇了摇头以示强调，“我知道在大城市类似的交易很多，但我也知道大城市的图书馆通常很不景气，员工态度也不怎么友好，而我们图书馆的气氛很温暖、很人性化。我觉得我们根本不适合接受商业赞助。”

这种抨击很聪明。它利用了这样一个事实：每个人都是与众不同的。森特维尔市不同于大城市，我跟你是不同的，鲍姆巴斯和其他人也是不一样的。

实际上今天上班时，你还和一个朋友讨论过这一点（因为汉克昨晚提到过）。她说她以前多次听说过这种言论，你也如此。她让你想起了一个名叫大卫的同事，他就曾说过，银行业推行的新计划在你们的行业永远行不通。在得知你们的一个竞争对手也在推行那个计划时，大卫退一步说：“可那家公司的企业文化和我们是不同的。”有人指出达拉斯分部已采纳了那个计划，这时，大卫无奈地说：“得克萨斯州和我们的情况不同。”

汉克说：“海蒂，你说得没错，我们与真正的大城市不同。我们都想尽可能地使森特维尔市宜居、安全、整洁，但那并不意味着我们不能从其他地方获得一些有益的教训吧。毕竟各个地方的人基本上都是一样的，不论是大城市，还是中小城市，比比看，你会发现共性大于个性。例如，都要上班、购物、养育孩子、看电视……”

海蒂对汉克的回应予以了反驳，但只是重申立场，并没什么新意，再加上人们似乎也没兴趣听她说下去了，她犹豫了一下，就没再说什么。

此时你想这个计划或不会再偏离正轨了。汉克巧妙地回应了另外两人的抨击，你也独当一面地回应了一个人。与会者中点头表示同意的人数不断增加，或有 **70%** 的支持率。如果你……

你听到有人大声地清了清嗓子。那是司蓓茜·科德特斯，她为人和善。大多都知道，她家住得很远，每天都是乘车上下班。

“你的计划需要给电脑腾出一些地方，可图书馆就那么大面积，对吗？我的意思是，我们没有再建新的配楼或其他之类的场所。你想想看，这样的话，图书馆的实际面积就在减少。很快你将会要求分配个地方弄个咖啡屋什么的。图书馆很多地方就没了，最终会连一本书都看不到，成为一个多功能的娱乐场所！”

汉克还没开口呢，就听后面有人大声说道：“她说得有道理。”

没等汉克回应，就听你的一个朋友，也是这个计划的支持者，大声回应道：“什么有道理，是很愚蠢。对我来说那个计划显然很好。我简直不能相信我们浪费时间听这种胡言乱语。”

一听“胡言乱语”，司蓓茜挥舞着双手叱问：“胡言乱语！！谁说的？！”

原本有些人感到无聊，低着头无所事事。听到这么大的声音，很快抬起头来，环顾四周。你的那些看来昏昏欲睡的邻座也很快醒了。

“我说的。”你的朋友布兰德斯·劳优勒斯回应道，毫无退缩之意。卢克斯·斯马提几乎跳了起来。

“真奇了怪了，这怎么是‘胡言乱语’呢，”卢克斯说，“这点很重要。这个计划会让我们越陷越深，不只是大楼里没有图书资料，还有……”

他还没说完，你那位朋友就叫道：“你这一次就闭嘴吧！”

卢克斯几近无语，气得语无伦次地说：“越陷越深的话，后果就会很严重。大量的资料已表明，越南战争中……”

布兰德斯失控了。“越南！！！好嘛，我们在讨论配备电脑的事，而……”

口水战开始了。

后排有人喊道：“人们通常察觉不到这种问题，后果会很严重的。”

与会者中至少有两部分人开始发起了牢骚。有人提议：“我们可以请卢克斯和一些人研究下这个问题。”

一个与会者生气地说：“拜托，今晚我们就定下来。我们才不需要什么工作组呢。”

司蓓茜说：“如果把我们现在分成两三个小组……”

天哪！

你挥了挥手说：“那就快点吧，大家。”

左边有人说："司蓓茜，你还是回去……浇浇草坪，或者去做你想做的事去。"

第一排有人对他的邻座说："这样下去不好吧。"

他的邻座说："不一定是坏事。人们关心一件事，总会带点情绪的。这就是生活啊。"

说这种（睿智的）话的人是巴里，一位小学老师。为了让大家都听得见，你抬高声音说："巴里，你来说几句，好吗？"

大家的注意力几乎都集中在他身上了，虽然有点不情愿，他还是发言了。

"我刚才说的是，我们的讨论演变成了一场比赛，看谁的声音大，这没什么可担心的，因为这就是人性，人就是这样子的。"

他从座位上转过身，这样就面向了其他人。

"我们老师有时看起来的确像10岁的学生。但一件事如果没有争论，没有反对意见，没有情绪化，实际上会更糟。那常常意味着人们根本不关心它。这样的话，在推行的过程中如果需要他们帮助，就看你的运气了。它或者意味着没人想过这事。这样的话，我们做出的决策就是错的，或者它只能让一个人或一部分人受益。"

换成你，说得不会那么好。社区里的人很信任巴里。

"我建议大家不要那样孩子气地去行事，"我们的老师温和地笑了一声，接着说道，"大家需要互相尊重。"

他看了看司蓓茜，司蓓茜在座位上缩了缩身子。

“但是如果有点情绪的话，不要那么生气。至少我们都在场啊。我们大部分人今晚本可以待在家里的。散会后，我们就更清楚会发生什么事了。我们批准实施这个计划后，如果遇到什么困难，我想我会伸出援手的。”

环顾左右，你很快就发现在精彩的口水战之后，几乎每个人好像都在认真倾听。你无需多说什么，汉克也不需要。

谢谢你，巴里。

海蒂又站了起来。不管她这次会说什么，显然事关重大。

“各位，我不怀疑这个计划可能带来的价值。如果我此前的发言是说我怀疑这一点，你们就误解我了。我的担心非常实际。例如，如果你们认为森特维尔电脑公司打算承担我们所有的费用，我想你们这是在自欺欺人。”

“自欺欺人”是对你、简、汉克，还有其他人能力的贬损，更是当众对你们的嘲讽。你注意到第二排有人还若有所悟地点了点头，此时这当然很令人恼火，但大部分人貌似已不耐烦地翻起了白眼，或微笑着看着你。

海蒂接着说道：“电脑的升级和维护谁来买单？如果被这种事卡住了，我们必须要付出什么样的代价呢？所以，虽然你的计划表明上似乎很好”——她早先在会上确实说过这个主意不好——“我们需要更多的资金来维持电脑的正常运转，这笔钱从哪儿来呢？”

你很快就明白这是制造恐慌的另一种形式，不过这次更多的是针对后续工作，而不是这个计划本身。就像下面这种情况：大家一致同意购买一只德国牧羊犬在晚间护卫消防队，但后来发现养狗的费用无法从市政预算中支出。这只大型护卫犬大致就相当于一个好主意，无法予以实际推行。

汉克说，“有一点你说得肯定没错，海蒂。这些电脑和所有电脑一样，需要维护。”

你想汉克可能会说，没有必要把所有维护事宜全都列明并一一讨论。而实际上……

“但这不意味着，”汉克说，“我们承担不起维护费用。我说过——或者至少表达过类似的意思——有人告诉我，简和一些人已把维护成本计算到以分为单位了。还有，即便核算的成本有些低，我们为什么不能从别处筹到这些钱呢？例如，几天前电力公司就告诉我了各种节约用电的方法。如果我们集思广益，我们在很多其他方面或许都能省下钱，那我们为什么不开动脑筋想些办法呢？”

你觉得图书馆工作人员的所有支出总是控制在预算以内，这样汉克的论据就很有力。在海蒂发言和汉克回应时，你环顾了一下会场——现在你已养成了观察与会者反应的习惯了——你发现人们很认同汉克的说法。

你还注意到，海蒂整个发言期间，与会者中至少有三四群人一直在说着什么，还不是在窃窃私语。坐在第一排的三个人带着手势交谈甚欢，还频频点头，语速也很快。他们没在听海蒂说什么，反而貌似在讨论怎样执行这个电脑计划。

在你看来，他们交谈的内容已有这样的变化，先是“我们不需要计划，因为不存在问题”，再是“好吧，是有问题，可你提出的解决方案有漏洞”，最后是“好吧，这儿是有问题，你的计划也很好，但在这儿永远行不通”。或类似的内容。现在呢，人们对于它为什么行不通，再也没什么借口了。

会场出现片刻的沉寂。后排有人举手，但很快就放下了。主席看到大家好像没有别的问题了，就提议开始表决。就在他要大家举手表决时，会场中间有人喊道：“大家快点吧！我今晚来这儿前还不十分清楚这个计划，现在看来，这显然是个很好的主意，我们应该予以支持。”稍稍停顿了一下，他接着说道：“不对，实际上，我们应该予以热烈的支持。”

人群中有许多附和的声音。话音落下后，主席说：“同意的请举手。”

很多手举了起来。匆匆一瞥，就知道显然至少有 80% 的人认同这个计划，其中有将近一半的人举手动作很快，毫不犹豫。

“不同意的呢？”

大约 10% 的与会者举起了手，还有一些人弃权。

会场响起稀稀落落的掌声，接着掌声越来越大。一些人拿起外套，立刻朝门口走去。其他大多站着或坐着，还和周围的人交谈着。四个朋友向你走来，喜笑颜开。

他们每个人都对你的出色表现表示祝贺。一个说的大意是“我们刚刚表决的那个计划真是太棒了，而且……”另一个说：“谢谢你能坚持到底……”会场上这么多人在交谈，你很难听得清楚。

感觉有人拍了你肩膀一下，转身一看是简。她为这个计划付出了太多太多，只见她眼里含着感激的泪水。

此时会场显得更加混乱。有三四个人围着汉克，简在悄悄和一个人说着什么，还有一些人好像就盯着会场前面你、汉克和简站着的地方看。一个朋友边向门外走去，边朝你挥手喊道：“真棒！”你听到三四个人谈得很起劲，其中一位说：“如果需要，我会带头去募捐更多台电脑……”

其他之前在会上很是沉静的人，现在好像也在高谈阔论，例如，早先提出的一个反对意见多蠢啊，另一抨击意见也真是无伤大雅，云云。这些人半小时前哪儿去了呢？！

20分钟内，会场的人几乎都走完了。汉克已经走了（有人打电话找他有事，他打了招呼说很抱歉）。一些人还在和简交谈，诸如什么时候需要做什么，他们怎么可以帮上忙等。你走到一边，收拾好东西，静静地离开了会场。

回家的路上，你当然很高兴，一来讨论会结束了，再者那个计划得到多数人的支持。你脑子里也萦绕着些许对阿弗伊德斯、海蒂和卢克斯等的不满情绪，但奇怪的是，你又在想，他们出席会议或实际上是帮了你。

甚至那些在会前支持你那项计划的朋友们，离会时更显得热情高涨，更愿在需要的时候施以援手。如果你当时陈述完计划，很快让大家举手表决，赢得 55% 的支持率，接着就结束会议的话，结果还会是现在这样吗？

你知道今晚的会议无法解决所在州的预算赤字，也解决不了医院急诊室人满为患的问题，也不能为某一可怕的疾病带来任何治疗方案，但你的确还是感到有些自豪。

当时你的处境很艰难。一个简单、实用、有创意的想法一次次地受到抨击，那些所谓的担忧和质疑有的说法失实，有的有失公平，有的甚至很离谱，其中任何一种都可能对它产生不利影响或摧毁它，尽管那项计划很合理。但你的团队最终还是赢了。

因为你的计划获得了大家的认同，图书馆是赢家，森特维尔市是赢家，孩子们也会得到他们所需的帮助。虽然还没梳理思绪，但你感觉到晚上学到的种种教训将来对你大有裨益。

晚上的表现不错。

—剧终—

第二部分
方法篇

BUY-IN

SAVING YOUR GOOD IDEA FROM
GETTING SHOT DOWN

第 5 章

扼杀好主意的四种方法

首先，那个电脑计划你处理得非常棒，祝贺你！不要谦虚，把一切都归功于汉克。别忘了，是你找到他的。而且会议期间你的理解力和能力得到了足够的提升，这也是一笔宝贵的财富。逐渐习得或提升这一重要技能会让你在许多方面受益匪浅。

现在来更加系统地分析一下那天晚上发生的事情。与会者做了什么？汉克做了什么？你做了什么？你是用什么确切的方法来回应那些反对意见的？为什么它们能取得成功？然后我们告诉你下次怎样利用这种方法让别人认同自己的好主意，或让他人的好主意免受更多的反对意见甚至被否决。

首先，我们来看看与会者。人数不多，虽然 75 人当中只有不到 12 人表示了担忧，提出了质疑和不同的看法等，但这对任何好主意都会产生不利的影响，不论它多有价值或多有道理。这里我们说的是，一系列能很快毁掉许多提议或计划的反对意见很是令人抓狂。即便你能肯定的是，如果由了解情况且做事公允的审议小组仔细评议的话，所提建议会获得 12 : 0 的支持率。

我们发现，在诸多表示质疑和担忧的反对意见中，有多达 24 种广泛用于各种场合，其中许多意见在前面图书馆的故事里均有所提及，本书后面会一一列明。虽然还有其他种类，但就这 24 种意见涉及面非常广。对任何好主意，每一种都有潜在的危险，因为它们极难予以很好的回应，而且如果处理不好的话，仅仅一种就能使讨论的议题偏离正轨。

要记住这24种实属不易，但你会发现这并不是必需的，因为我们发现人们使用的这些常见反对意见仅仅基于四大策略中的一个或多个。每个人都能很容易地记住这四大策略，但也要花大气力来掌握它们。

制造恐慌

这种抨击策略旨在引起焦虑情绪，这样人们就很难仔细考量一项提议。提出的不论是卓越计划、伟大创意，还是美好愿景，人们都会开始担心，它们在推进或实施过程中可能充满可怕的风险，即便事实并非如此。

制造恐慌有各种各样的办法，前面图书馆的故事里就提到过五六种。这种伎俩通常是这样的：先抛出一个不可否认的事实，接着编造一个故事，故事的结局令人胆寒或焦虑。从事实到严重后果，背后的逻辑是错的，甚至很愚蠢。反对者所说的故事会让我们联想到过去发生的令人恐慌的事件。虽然把这两者这样联系起来很不合理，但它有力地唤起了人们不愉快的回忆。利用负面言辞引起焦虑，继而影响他人的判断力，这是很有效的一招。

焦虑感一旦被唤起，未必就会很快消失，即便你把反驳意见分析得头头是道。如果人们做的事都合乎常理，这就不是个问题。但是我们不是，远不是那样。

在这些情况下，怎样措辞通常很重要。如果公司几年前 Amtek 项目的失败导致不少人员下岗，一提到 Amtek，人们的感觉就很不爽。一般来说，“律师”“火灾”或“大政府”这些词更能引起一些人的担心和愤慨。

在前面的故事里，鲍姆巴斯就用“啊哈，这会怎么样呢？！”来引起人们的担心，“这”是指报纸上的一篇报道，说森特维尔电脑公司售出的一台电脑曾引发一场火灾。这样的理由不但荒谬，在逻辑上也是站不住脚的，可“火灾”这个词很能激起他人的反对意见。司蓓茜·科德特斯后来说，要专门腾出些地方来放置电脑的做法很不妥，迟早会把图书馆给毁了。她的理由是，这样会把它慢慢变成一个多功能的娱乐中心。理由虽然荒谬，但我们每个人都见过这些所谓的“滑坡谬误”[⊖]，而且许多人还因其而遭受挫折，一想起这些挫折就会惶恐不安。

当人们设法帮助组织应对日益变化的环境，或力图抓住某一新的重大机遇的时候，总能碰到这种问题。下面就是一个典型的例子：一家公司内部需要进行大刀阔斧的改革。经过努力，有些人确实提出了富有创意的改革愿景，而且改革的策略也很巧妙。接着，在向他人就此做出解释以获得足够

⊖ 滑坡谬误，是一种逻辑谬论，即不合理地使用一连串的因果关系，将“可能性”转化为“必然性”。——译者注

支持的时候，改革计划的发起人遇到了麻烦。有人（准确地）指出，上次他们试着进行了大规模的改革（这里他们说的是那个“顾客至上”的提议），不但没有成功，而且还产生了一些不良后果（例如，一段时间以来工作量大得难以应付，一些优秀员工的工作也偏离了正轨）。随着他们一次次地说到“顾客至上”，人们的焦虑感开始越来越强。不管过去和现在的情况如何没有可比性，对此没有人能给出非常合理的理由。但这不重要，重要的是，如果在人们的焦虑感之前还是暗流涌动的话，现在已是汹涌澎湃了。于是，那个新的改革愿景和策略不会赢得足够的支持率，尝试变革的努力也随之成为了泡影。

即便人们大都明白某一反对意见本身就是在引起焦虑，但如果为数较多的人仍看不出其背后的逻辑谬误的话，你面临的问题可能还是很严重的，必须小心对待。即便只有一个人对一项好计划表示担忧，而这个人很聪明或大家很信任他，那么不但他可能倾向于持反对意见，还会利用一些策略影响更多的人，这时营造的焦虑气氛就像传染病一样蔓延开来。从这个意义上来说，图书馆故事当中采用的有效回应方法就像在使用抗生素一样。

在使用这个策略引起他人恐慌心理时，人们说话的语气令人生厌，或更多的是淡定，还显得很无辜。人们要么非常清楚地知道他们在做什么及为什么那么做，要么根本就不注意他们的说话方式。一个人运用策略引人焦虑并扼杀好主意，他未必就是自私的或者不道德的。对于如何有效应对制造恐慌和其他所有抨击的策略，这方面（本书很快会谈到更多）的内涵非常丰富。

无限拖延

反对者对一个好计划提出质疑且表示担忧，有时就是想通过拖延战术来扼杀它。这些意见能延缓沟通和讨论的进程，这样就使它在关键的截止时间或日期之前无法赢得足够的支持。他们会提出貌似合理的建议，但如果这些建议被接受的话，一个好的项目将会错失最佳时机。无限拖延的目的就是要人们多次开会讨论或多次进行非正式投票，这样一来，大家的劲头就没了，或者另一个不怎么好的想法在人们心目中有了一席之地。

在图书馆的故事中，至少有 1/4 的反对意见采用的是拖延战术。不论有意还是无意，会议一开始，迪卫特斯就把一切可以利用的时间耗费在讨论图书馆的总体预算甚至市里的预算上。后来还有人出了个点子，很典型，说是要成立个工作组研究一下。如果当时这个点子被接受了的话，就延缓了那个电脑计划的进程，到头来森特维尔电脑公司总部或许也会撤销它的捐赠计划。

无限拖延的战术简单易行，因此很有威力。提出一件事，听起来很合理，但我们要等（就一段时间）把其他一些项目做完再说，或把它提交给委员会讨论一下（就把一些要点理一理），或（干脆就）往后放一放，等下个预算周期再说。

采用拖延战术会把人们的注意力转到某一更合理且更紧迫的事情上来，这类事情总归都是有的。例如：预算突然不足；竞争对手宣布意外的举措；立法机关要审议新的具有很大风险性的议案；这里的问题越来越多，那里的矛盾逐步升级等。这些事情需要立刻予以关注，但也很少需要百分之百的关注。采用无限拖延战术，就是要把人们百分之百的注意力都转移到这些所谓的危机上，这样人们就会忘了那个好计划，或没时间进行关键的沟通和交流。人们本来还自信满满想让计划获得认同，却因一拖再拖，再没有之前的冲劲了。

最近我们就碰到过这种案例，理由或许就是所谓的“现在手头工作太多”。可能因为手头项目过多，所以显然不需要再增加其他项目了。但本案中所提计划涉及的是很有创意的汽车零配件，而且从道理上讲，也没有人会认为这会影响公司其他所有项目的经济效益。然而现在的一些主管为了自己手头上项目的运转，需要公司提供大量的人力、财力和物力，他们自然会把这一新计划看成一种威胁，于是就以“现在手头工作太多”为由成功地把它扼杀了。

因为无限拖延策略简单易行，几乎人人都可以用，所以特别危险。然而正如其他三种抨击策略一样，这种战术带来的许多小问题都会被一一化解的。

混淆视听

为了扼杀一个好计划，反对者会在讨论时摆出毫不相关的事实，讲些复杂难懂的道理，或以其他许多方式千方百计地阻挠有效沟通，使它得不到大家的认同。

在图书馆的故事中，海蒂 · 阿根达就用“这个怎么样，那个怎么样”等问题来抨击汉克。这样的抨击会使对话在不知不觉中偏离方向，无休止地纠缠于这事或那事。别忘了前面的……人们最终会认为所提建议根本没经过深思熟虑，或者不明白到底在讨论什么。他们会感到自己很迟钝（这往往会让他们很生气，而且可能会反过来把矛头指向那个建议或建议者），或者他们听得头都大了，干脆把提议或计划搁置一边，不去理会。

一些人工于心计，能很聪明地把一场讨论引向非常复杂的境地，但凡有理智的人就会放弃坚持己见而置身事外。在图书馆的故事中，有超过 1/3 的反对意见就属于这种圈套。许多人都用过（而卢克斯 · 斯马提之类的人对此特别擅长）。一个人如果感到困惑，仍可能会投赞成票，但他只是不想再纠缠下去，根本不会做出承诺把所提计划付诸实施。

要达到混淆视听的目的，并不需要提出多么复杂的话题。即便最简单的计划也能被引向非常复杂的境地，几乎会令任何人感到迷惑不解。数据是强有力的武器，它们不是用来澄清问题，而是用来迷惑人的。“你要解决的问题根本就不存在，来看看这份（多达22页）数据表。我认为，如果把它仔细研究研究的话……”如果反对者抛出的事例很复杂，大部分人都不知道其中的细节，这足以扼杀一项好计划。“那个Teledix项目(没人听说过这个)和TX系列产品的竞争策略(在场的半数人对此一无所知)怎么样了？如果Teledix、TX和这个计划搅在一起相互影响，我担心第三季度的营业收入将受影响，至少在亚洲市场会这样，那将是非常糟糕的。你不觉得吗？”

混淆视听策略的运用非常普遍。有时人们根本不喜欢所提建议就会用到它。更有甚者，像卢克斯之类的人，也可能是无意识地需要显得比在场的人都聪明，或像司蓓茜之类脑子本身就不是很清楚的人，都在用它。最近，我们就碰到一次借助PPT来陈述反对意见的事例。幻灯片总共有68页，许多页面字体很小，不可能看清楚。幻灯片是一个像卢克斯之类的人做的，针对的是一项计划，该计划需要公司分配更多的人力、财力和物力来开拓欧洲市场的业务。反对者认为这个计划太过庞大了，可幻灯片上展示的理由让人无法理解

(我们还没有发现公司里会有谁能把反对理由解释清楚)。所提计划也许非常好，但这种 PPT 文件还是成功地影响了它的支持率。

冷嘲热讽（或人身攻击）

某些抨击意见并非直接针对所提的计划本身，而是瞄准计划背后的那个人。它们可能会让建议者难堪，质疑他的能力，甚至直接或间接地怀疑他的人品。如果人们觉得建议者为人不可靠的话，他将难以赢得强有力的支持。

鲍姆巴斯之类的人特别擅长运用这一策略。他提出一条意见，虽然显得没有冒犯的意思，但脸上隐隐约约摆出的却是一副端着的架势。他甚至不用说话，人们就会产生疑问，你是否认真考虑过某个问题，或是否预想到还有其他更好的方案。

在之前的讨论会上，我们注意到本蒂·温迪试图借势反对那项电脑计划，说什么该计划摈弃了社区长期以来所珍惜的价值观念。对于这个说法，汉克显然肯定无法苟同，但它却让人们对汉克的人品有所怀疑。我们还注意到阿弗伊德斯·雷斯基说什么“没有人会做这种事的”。任何思维缜密的建议者当然清楚这一点，但它却很容易让人们怀疑他的工作能力。

基于冷嘲热讽和人身攻击的策略，反对者在提出疑虑时可能会表现得义愤填膺，但更常见的则是轻描淡写。给人们的感觉是：他抛出这一话题也很难为情，但人们觉得他有责任过问一下乔治频频和行政助理一起吃饭是不是可能会……不说了，不说了，那样不太好，就当我没说。

或许是因为可能会反遭嘲讽，与其他三种策略相比，这一策略用得相对少一些。但它一旦发挥作用，就会产生连锁反应。不仅所提计划受损，名望受辱，而且只要人们还没有淡忘这次人身攻击的记忆，建议者其他的合理意见就难以得到别人的信任。

反对者的抨击策略未必就限于上述四种中的一种。威力最大的抨击往往会同时采用两种甚至三种战术。如果某一反对意见缺乏理性思考、有失公允或动机不纯，它就能达到既能混淆视听又能搁置建议的目的，或能达到既进行人身攻击又制造恐慌的目的。精心策划的多手段抨击影响很大。

这些策略，不论是单独使用还是综合使用，都可能会扼杀一个好主意，所以一旦你被抨击过几次，下次如果有人提出一个想法，这个想法虽然很好，但不完全合乎你的意愿，你自己或许也会禁不住使用同样的策略去抨击他。为了阻止一个好计划，如果你既聪明又能说会道，就会在讨论时极力采用混淆视听的战术；如果你讨厌开会且不想让它正常进行下去，就会耍手腕制造恐慌；如果你很不喜欢那个建议者，就会攻击他的人格；如果觉得没有得到足够的重视，而且更想让自己的意见频频“压制”对方，就会把对方的任何其他计划尽量无限期地拖延下去。

但这些策略都是双刃剑。正如图书馆故事清楚表明的那样，这些战术并不能确保你取得成功，且可能会遭到反击，有时还会很痛苦。具有讽刺意味的是，之前频频遭受的这种痛苦，如果固化为愤世嫉俗的态度，那么这种状态会使我们恶意使用四大抨击策略以达到阻止他人的目的。我们会（有意或无意地）觉得每个人都能这么做，我们为什么不能呢，或为了达到目的而不择手段，或好人当不得。时间会证明这些愤世嫉俗的想法对我们是极为不利的。

24 种抨击

上述四大抨击策略的实施，实际上是通过 24 种质疑、担忧等反对意见表现出来的。这些抨击大家都非常熟悉，虽然这些意见非常普通，但也很难应付，其中任何一种意见都会伤害或扼杀一个真正的好主意。随着时间的推移，你会发现这些抨击非常常见，应用广泛，几乎任何人都能认出它们的真面目。而且，或许任何人都会使用它们，即便他并不是有意要显得有失公允或令人不快。它们几乎可以被用在任何场合，不管所提想法的实质是什么，或在什么样的场景下，这让它们更加难于应对。

下面就是这24种抨击，以它们在森特维尔故事中出现的顺序列出。

1. 我们已经很成功啦，为什么要进行变革呢？

2. 资金（或者一项提议不能解决的其他某个问题）才是唯一的现实问题。

3. 你把问题夸大了。

4. 你是说我们一直都不尽职尽责！

5. 你那提议背后隐藏的动机是什么？

6. 这个怎么办，那个呢……

7. 你的提议过于深入/不够深入。

8. 你提出了一个类似‘先有鸡还是先有蛋’的问题。

9. 对我来说，这听起来就像“大部分人都不喜欢的事情”！

10. 你是在放弃我们的核心价值观。

11. 它太简单了，行不通。

12. 没有其他人会做这种事。

13. 你不能两者兼得啊！

14. 啊哈！你不能否认这个吧！（“这个”是指一件令人担忧的事情，对此，建议者一无所知，而抨击者则讳莫如深。）

15. 这个主意会产生这么多问题和担忧，它肯定有疏漏。

16. 我们以前做过类似的事情，行不通。

17. 它太难以理解了。

18. 主意好是好，可现在不是时候。

19. 推行这个计划需要做的工作太多了。

20. 它在这里行不通，我们的情况不一样！

21. 它会使我们面临的情况越来越糟。

22. 这个我们负担不起。

23. 你永远无法说服足够多的人来支持这项计划。

24. 我们根本就没有条件去做这件事。

此外，我们还能想到更多种类的抨击。花时间想一想，你也能做到这一点。但这24种已涵盖了大部分。

正如我们说过的那样，许多这样的质疑和言论或许由一个人提出，而这个人，实事求是地讲，并非真心想要手腕来扼杀一个好主意，但这并不意味着这些抨击意见应对起来都会很得心应手。现实问题是，尽管反对者本无恶意，但其所抛出的意见会产生强有力的影响，所以需要有效的方法予以回应。

对于上述24种抨击，每种都有非常具体的应对办法。在揭示这些细节之前，我们先来梳理一下汉克和你在图书馆会议上所采取的总体回应策略。

第 6 章

让你的好主意不落空：一个有悖于直觉的策略

为了让一个好主意赢得强烈的认同感，在你的帮助下，汉克运用了一种方法及一整套基于此法的具体回应对策。此举达到了效果，现实中也会如此。

单单这一种方法就能应付基于各种抨击策略的反对意见。你甚至不必运用（学习和掌握）前面提到的那四种策略：一是制造恐慌；二是无限拖延；三是混淆视听；四是冷嘲热讽。因为仅有一种应对方法，所以虽然汉克回应得很巧妙，但他并不是什么超人，这也是为什么你也能很快习得并运用这一方法。

这一方法仅有几个相互关联的基本要点，每一点都不复杂。这些要点的合力通过以下三点就能使好主意得到他人的认同：

- 引起人们的关注；
- 在人们的关注下，赢得他们思想上的理解和认可；
- 在人们的关注下，也要赢得他们内心的支持。

其中的第一点最为根本，也最有悖直觉。

不要想方设法把潜在的反对者，甚至那些最喜欢背后捣鬼的反对者挡在讨论的大门之外。让他们参与进来，让他们向你“开火”，甚至鼓励他们向你“开火”！

为了让一项计划得到他人的支持并推行下去，在此过程中你当然不希望它被否决，因而会尽量将反对者挡在门外，这似乎合情合理。例如：不管怎样，别让鲍姆巴斯和迪卫特斯来参加会议；用电子邮件联系的人当中，不把海蒂包括在内；走廊里谈话时要背着卢克斯等。没有了反对者，也就没有或很少有反对意见，这样一来，合理的计划更容易得到认可且推行下去。

这方面人们有时做得还算成功。但我们却发现，另外一种做法更为有效。这种方法恰恰可以利用反对者的抨击，化不利为有利。之所以能做到这一点，是因为这种方法可以解决人们为计划获得认可时遇到的最大挑战：引起人们的关注。

没有人们的关注，你确实就没有机会解释所面临的风险或机遇，当然也无法推荐你那优秀而实用的解决方案。如果人们的注意力被分散了，他们就不会关注你，不会仔细倾听你的计划；或即便听了时间也不会太长，也不会以一个开放的心态来倾听。因而，你就没有机会获得他们情感上的支持，而这却是真正认同感的核心所在。出于种种完全可以理解的原因，因缺乏关注而产生的这些问题非常普遍。

想想看，我们几乎所有人都淹没在大量的信息当中，疲于应付。通过电子邮件、手机、电视、互联网、报纸和杂志，得到朋友、老板、家人和同事的信息，它们合起来产生的信息过载问题，令人难以招架。因此，大部分信息从来不会在我们的脑海中留下清晰的印象，或者即便留下了也有某种程度的歪曲。

典型的一天是这样的：7:30之前可能就遭到家人的“炮轰”，他们提出6项要求并表达了4种不满；上班路上从收音机节目里获知要记住的14件事，手机上还收到5条短信；刚坐下来办公（或拿起智能手机），或许就有20封邮件充斥着各种信息、指令、问题和要求等。可这还不到上午9:00啊！

研究此类问题的人士告诉我们，我们一周内碰到的建议、想法、计划或要求多达1万条。这些信息书面的、口头的和视觉的都有。一年52周，乘以1万，得到的就是52万条建议、计划或想法，其中有绝佳的，还有较好的，但许多都不是好主意，不少还很荒谬，一些甚至还很危险。假如，今年你个人有20个真正好的或重要的想法，对其他相关人士来说，这20个想法与其他519 980个计划、想法和建议相比，简直就是沧海一粟。因此，你的好想法和建议有多大胜算能引起他人的关注，在不怎么精心审议的情况下就得到足够的支持率呢？即使你现在就站在某人面前和他面谈，用大量的信息把他搞得晕头转向，而此人还没准备接受和支持任何想法，那么他在多大程度上会仔细倾听你的想法，继而做出全面的评判呢？

汉克和你按照以下方法来解决如何让所提计划引起他人

关注这一重大问题。首先，你没有设法把任何人拒之于会议之外，即便是鲍姆巴斯·梅亚尼。是的，你没有多少时间，但很有胆识。你或汉克都能想出办法拖延鲍姆巴斯的工作，或让他去做其他重要的事情，这样他就无法参会了。在其他场合，我们见过人们用同样的方法把人置于事外，例如，安排的电视电话会议不让捣乱分子乔治参加；我们也见过有人事先暗示杰西卡这次最好别发言。但你们并没这么做。

其次，你也没有设法制止任何一个参加图书馆会议的人发言。相反，你让大家各抒己见或提出问题，包括那些你认为可能会对你所提的电脑计划进行不公平批判的人。那些理解你想法的人提的问题比较中肯，易于回应，但你不是仅仅给这些人机会。你没有设法通过事先设定的（且可能很无聊的）互动内容来控制讨论过程；你没有只顾发表长篇大论，不给提问者留足够时间；你没有忽视那些积极举手可能挑战你的人。在不同的场合，我们看到过有些人运用这一策略，不但事先写好了备忘录，而且还积极主动征求意见。除了用电子邮件交流，他们还用聊天室来沟通。除了内部达成一致，显然他们也考虑如何回应外部的其他意见，包括那些有失公允、富有偏见和不合常理的观点。

在图书馆会议上，你所采用的方法（不可避免地）会招来一些人的抨击意见，这些人对那个计划或表示忧虑，或感到困惑，或存心捣乱，或愤愤不平，或很自我，或缺乏自信，或渴求权力，或仅仅表示怀疑。因此，一个原本无聊的会议就这样增添了一些戏剧化情节，也激发出了一些火花，借助这些戏剧化情节和火花，他们就博得了关注。

当别人关注你时，他们的思想也参与其中，这对人们理解你的想法、消除误解至关重要。然后你可以利用这份关注对他们晓之以理、动之以情，这是获得别人衷心支持的核心。

为平息别人对你的抨击，不要设法用海量的数据、没完没了的分析或长篇大论的解释，去说明为什么他们的抨击有失公允、缺乏证据、不够光明磊落，也不要设法去说他们的言论大错特错。相反，你可反其道而行。

如果你已做好准备，若这时有人试图否决你的好计划，如混淆视听、无限拖延、制造恐慌或冷嘲热讽，面对这样的炮轰，只需动用你的知识和数据就可将其化解，你显然会这样做。于是你再一次做出说明，解释为什么它是个好计划。你指出对方的所有漏洞，提出一切可能想到的证据用以支持自己的看法。不仅如此，为确保永远消除那些背后使绊的卑劣做法，或那些貌似合理其实漏洞百出的质疑，你还会提出更多证据，做出更多的合理解释。从根本上说，你会连续多

次反击以确保彻底挫败对方。

我们大部分人都训练过用这种思维方式。实际上，我们接受过的教育几乎都是这样教我们的。

用列数据、讲道理的方法击败他人，听起来合乎常理，而且有时肯定也很奏效，但这样做具有潜在的风险，即它恰恰会有意无意地使我们很难获得——甚至实际上会扼杀——我们争取强烈认同感时必须具备的某种特质：必不可少的关注。

在你摆观点、讲道理、谈问题或评价其他方案的劣势时，他人就会走神。例如，他们会想：我过会儿该去药店买些什么呢？下次会议的发言我确实准备好了吗？坐在我前面的那个男士头都有点秃了，我有没有呢？真不敢相信雪莉怎么那样穿衣服，不知道这次讨论还要持续多久……飘进人们脑海中的念头越来越多，而他们对你的关注越来越少，就这样，你赢得别人理解的机会也就悄悄溜走了。

这种情况我们碰到过很多次。人们目光呆滞或望着别处。例如：有的开始悄悄发电子邮件或短信；左边不远处的两个人开始窃窃私语；有的开始在纸上胡乱涂鸦；有的还会做些记录，但列出的一、二、三点绝不是用来说明你的观点是可行的。

为了避免出现上述情况，汉克和你几乎是反其道而行之的。你们的所有的回应都很简短，让人们没时间走神（如果对这点心存疑虑，很快翻到前面的对话，数一数汉克回应时用的字数，也数一数你的）。你们的回应也总是很清晰，没有专业术语或复杂推理，只要有可能，你不要用数据或列表，而是运用常识说明自己的观点。

因为你们的回应简洁明了，所以其他与会者就没机会混淆视听，释放迷雾。因为周围没有迷雾，而且还吸引了他人的注意力，所以你才真正有机会在讨论过程中让他们理解你那个电脑计划，以及它为什么是个好计划，这样你就会逐渐得到理解，赢得认可。这正是你那好计划获得认可的原因。

纵观历史，伟大的领袖人物都深谙此理：言辞简洁明了、合乎常理。不论是圣雄甘地[1]还是山姆 · 沃尔顿[2]，这些人都曾提出过优秀的思想，并能得到几乎所有人的理解。他们把自己的想法阐释得格外清晰。他们告诉人们基本常识，以充当指路明灯。尽管世界纷繁多变，不论遇到何种困难，他们始终秉承“言辞简洁明了、合乎常理”的理念，这些概念引起人们的关注，赢得人心，争取强有力的支持，并最终动员大家行动起来以实现重大目标。

一个有趣的问题是：如果简洁明了、合乎常理的回应（比如汉克和你的回应）更容易赢得他人的认同，那我们为什么不经常使用它们呢？估计有以下原因。

受过良好教育的人们被频频告知，面对任何问题，如果

---

[1] 圣雄甘地，现代印度的国父，是印度最伟大的政治领袖。——译者注

[2] 山姆 · 沃尔顿，沃尔玛的创始人。——译者注

回答比较简单，就应报以怀疑的态度，即使含糊不清，也希望听到术语连篇的长篇大论。我们曾被告知，世界是复杂的（这没错），因此好的解决方案也应当同样复杂（这未必是对的）。解决方案涉及面广，从道理上讲，似乎需要依次进行复杂的沟通，但这往往就意味着要用到那些晦涩难懂的言辞、专业术语和不着边际的冗词赘句。

这个世界有我们不喜欢的律师、呆伯特式的公司[⊖]和匪夷所思的政府官僚体制，种种经历告诉我们，常理在现代社会或许是行不通的。我们可能会认为这太不幸了，甚至太可悲了。有人告诉过我们，这就是现实，你无法抗争。然而事实上，你能。从某种意义上说，我们需要做的或许仅仅就是要改变固有的思维方式。

不要设法以嘲讽、傲慢或有力反击的方式挫败反对者。即使有些人看起来是咎由自取，即使你真想那样做，即使你也有那样的能力，也别那么做。

图书馆会议上的每一次回应，汉克依赖的就是这一规则。因为紧张，继而是很恼火，所以你一开始很纠结，但你也没

⊖ 呆伯特式的公司，公司倾向于把工作能力最差的员工提升到管理层，以把他们对公司造成的损害减至最低。——译者注

吭声，接着才慢慢开始像汉克那样去回应问题。那么做对整个会议的结果有多重要呢？非常重要。这对我们的研究成果有多重要呢？至关重要。

为使所提计划真正获得认同，你需要让人们心悦诚服。回应时言辞简洁且符合常理，能在很大程度上赢得他人的理解。而尊重他人，则能很大程度上赢得人心。

无礼的态度会引起负面效应，它虽然也能引起关注，但不是你想要的那种，最终你会失去而不是得到他人的支持。

出于种种有意无意的原因，一般人常常会抨击他人的计划。因此，对任何人哪怕是报有一丁点的不尊重，都可能会招致对方的强烈反击，或更重要的是，甚至还会引起众怒，大家会觉得你那样做有失公允。回应时若采取人身攻击和嘲讽的手段，固然有威力，但你的价值观和人品同样也会受到质疑。

明显地以“暴”制“暴”，以牙还牙，甚至对那些真的很不友好的抨击者，极尽贬低蔑视之能事，可能会导致大家同情那些抨击你的人；或者，你不无沮丧地被暗示到，仅仅因为有些顽固不化的人不能适应新的变化，我们需要的变革才遇到了阻力，你这么说可能会无意中引起其他人的不满（因为大家当中有些人也不是很快就会赞成变革的，那他们也是顽固不化的人）；或者，你受人误导，说什么传统的价值观念与如今的情况格格不入（这样就是在说大家当中有些人所坚守的价值观念根本就是错误的）。反击那些抨击者或许能得到片刻的满足感，但这种满足感往往稍纵即逝。

根据我们观察过的大部分情况，除非抨击者的表现真的非常离谱，一项计划获得许多人的热烈支持是很少见的。当我们对某人感到怒不可遏时，他可能看起来就像个暴徒，但现实中极少有那样的人。营销总监和为人刻薄的乔治叔叔有时会令人恼火，但他们不是坏人。某个星期我们过得很难，可能会感觉好像一直在和一帮白痴打交道，他们根本不值得尊敬，但那只是感觉，不是现实。

要试着让所提计划赢得他人的认可，不妨反其道而行——尊重对方，这将使你拥有制高点。人们不会同情抨击者，恰恰相反，企图扼杀计划的人在大家眼里好像就成了诽谤者、自恋狂或者倚强凌弱者。那样的人没人喜欢，也没人信任。受到质疑的是他们的人品，而不是你的。

尊重他人，会在情感上将他人争取到你这边来，这样他们更可能仔细倾听你的想法，并予以支持。在这个信息泛滥的时代，要吸引人们的注意力是很难的。能让人们真心倾听你的想法，对你来说就是重大胜利；能让他们以支持的态度来倾听，那就是巨大的成功。

支持是一种感觉，同所有的感觉一样，它是和我们所说的“内心”联系在一起的。如果你的尊重能够引起他人的认可，你就会赢得他们的内心。

我们说的不是要迁就他人或表现出的行为显得很软弱，

那样的话，人们或许会很自然地提出疑问：是不是因为觉得自己的想法也不怎么站得住脚，你才表现得这么顺从呢？对鲍姆巴斯这样的人，通常需要态度坚决又不失尊敬。针对不同的人，你回应时的态度可以多多少少有点热情，或多多少少和他讲道理，或许都合适。但是，对他人有失尊敬几乎在所有的情况下都会有很大的风险。

尽管在遭到抨击时，我们所有人都会表现出以下三种固有的倾向，即反击、逃避或自我辩解，但做到言谈举止中不失尊敬总是可能的。过去人们手持一把结实的木制长矛外出打猎，在看到大型野兽时，表现出前两种倾向也许很合情合理。在21世纪，人们不是反击或逃避，而是容易自我辩解（有点坚守立场却又以手势或言语向对方表示抗议的意思）。这些失常的行为很容易表现出来，越是牢记这一点，越容易掌控我们的情绪。

不仅如此，控制住自己不至于表现出所有那些无济于事的行为，关键要保持冷静而又不失自信。自信在很大程度上源自充分的准备，而做好准备工作也是有效回应的决定性因素。这一点我们马上就会谈到。

不要关注抨击你的人或他那有失公允、不合常理、尖酸刻薄的言论（尽管你很想那样做）。

当受到诸如混淆视听、制造恐慌、人身攻击或无限拖延之类抨击的时候，人们自然会聚焦于抨击者。根据观察，我们得出的结论是，这是个很大的错误。也就是说，你寻求的是一大部分人的支持和认可，不论你面对的是5个人，还是5万人；不论是日常琐事的细小决定，还是一个组织内部可能需花5年时间所要进行的重大变革。在这两种情况下，你要取得成功，关键不在于让抨击者心悦诚服，那些人出于种种原因往往倾向于扼杀一个好主意。相反，你的成败取决于大多数人的想法和感受。这就是有效回应策略的第四部分内容：密切关注人们的反应。

少数抨击你的人存心捣乱，你不必和他们争论不休，别忘了还有更多人在评判你的计划。不要过于担心那些讨厌（但很聪明）的捣乱分子。某些人是老顽固，如果你的计划与他们的观念不符，他们绝不会支持你，不必浪费时间去试图改造这些人。如果你清楚一些人会因你的计划被接受而失去某些东西，而他们又是那种绝不愿失去什么的顽固派，就不要试图改变他们的性格或价值观，你也改变不了。回应抨击时，你真正要关注的不是抨击者幸灾乐祸或厌恶反感的表情，而是大多数人的反应。这一点如果做得不够充分，或许你就永远意识不到他们对你的计划是感到困惑、担忧，还是受人误导把它往后拖延，或至少你可能无法很快意识到他们的反应。

在图书馆会议上，汉克（后来你也是）在整个期间都注意察言观色。你不时地看看前后左右，观察哪些迹象表明人们是在走神。你也注意到有的人点头，有的人微笑，有的人皱眉头，还有的人劲头越来越足，而有的人则是越来越萎靡不振。

当然，不关注人们的反应，只聚焦于那些抨击者，最终还能获得51%的支持率也是有可能的。如果说希望一个好主意得到100%的支持率是不现实的话，那么这51%同样也是个错误。有51%的人投票支持你，或许你赢了，但你一点都不能确保它能成功地推行下去。因为认同感不高，在推行过程中，当人们碰到第一个障碍，或当他们听说另外一个方案似乎更符合他们利益时（即便并非真的如此），可能就会放弃原来那个计划。对于像图书馆会议上的那种简单计划，真正的认同感或需有80%的人投赞成票，其中的25%热情高涨，他们自愿付出额外的努力去克服困难，以使其取得预期成果。

不要设法即兴发挥，即便你对所有相关事实了如指掌，即便你的提议似乎“刀枪不入”，即便你期望人们态度都很友好。

对于日常生活中的小提议遭到的反对意见，有时你可学着运用本书提供的策略予以回应，花几分钟时间酝酿一下，随机应变就可以了。记住那四种抨击策略，只有四种：制造恐慌、无限拖延、混淆视听、冷嘲热讽。结合你的提议及其

涉及的对象，想想有人可能会使用哪种策略，以及怎样使用。深吸一口气并告诉自己：我准备好了，他们尽管过来。这招很有用。回应时要言辞简洁且符合常理，除了尊敬还是尊敬，还要仔细观察他们的反应。

但是，如果提议涉及的风险较大，就非常值得你花点时间巧妙地做些准备工作。“巧妙”的意思是指不仅要做大量的工作，而且还要做得有效率，做到点子上。根据我们的观察，运用本书提供的策略可以达到这个效果。

如果提议涉及的风险很大，本书尤其是后面列明的24条“小抄”，可用作参考以使你集中注意力，它们在回应抨击时富有成效。汉克和你在图书馆会议上就是这么做的。一般来说，你先看看那24种常见的抨击，考虑一下别人可能会采用何种抨击策略，可能是第4种，也可能是第12种。接着你看一下一般的应对策略，然后再思考如何予以调整以符合自己的实际情况。例如，出于真心怀疑或不可告人的目的，有人会说他曾经尝试过那个提议，却以失败告终。这时，你就需要说明现在的提议与以往不同，或把具体的不同点解释清楚。然后根据所谈话题的复杂程度，你或许会想起一些强有力的观点，或更为可能（像汉克做的那样）的是，随手记些东西。

做了这样的准备工作，面对抨击者时，你不仅会做到有的放矢，而且还会自信满满，因此更具备快速回应的能力（不然你会方寸大乱，很难临场发挥）。

做好准备工作可大大提升你的信心，减少你的焦虑。它的确有助于掌控你的任何不良倾向，如挑起无谓的口水战，或临阵逃脱而使你名誉扫地。它能使你更淡定、更自信，这会对你回应那些有意或无意的抨击意见产生非常积极的影响。因为你越淡定，工作效率就越高，所以整个准备时间也就大大缩短了。

或许最重要的是，准备工作能够让你树立信心并减少焦虑感，继而使你避免在遭受抨击时本能地进行自我辩解。例如，有人抛给你一句，“你有什么不可告人的目的（让你心有不安）”？或“这听起来像是……（大家都不喜欢的某种东西）”或“这也太简单了（言外之意是你真是个白痴）”。诸如此类的许多抨击意见看起来很难应付，屡屡得逞，这是因为我们一开始就进行自我辩解，接着还予以反击。一旦进入唇枪舌剑的交锋，任何你所关心的事就会处于危险的境地。

对抨击意见不辩解、不反击，听起来或许很难。其实很简单，因为这些举动无须绝对完美地展现出来。为了一项提议获得认同，大部分人所做的准备工作的得分都是 C，但如果你达到了 B+，你在回应抨击意见时就会志得意满，更能达到预期目的。

※ ※ ※

回应抨击意见的方法，可简要总结如下：

1. 让抨击者参与进来并发表意见，以使你的提议引起人们的关注。

2. 提议有了相关人士的关注，回应时，要言辞简洁明了、符合常理，以博得他们的理解。

3. 更重要的是，以尊重来获得他们发自内心的支持。

4. 始终关注人们内心的反应：在场的绝大部分人，而不是那一小撮抨击者。

5. 采用本书列明的办法，提前做好准备工作。

郑重声明：本方法虽然收效显著，但是如果抨击者蓄意挑衅、恶语相向，它未必行得通。不过对于大多数人而言，周围都是恶人的情况十分罕见，似乎很难让人相信我们周围都是图谋不轨、愤世嫉俗的人。现实中，在绝大多数情况下，那些质疑和抨击我们观点的人远非邪恶之徒。恶毒地抨击他人或许是电影或电视里的精彩场面，但是我们的同事或老板绝非什么暴戾之徒。

第 7 章

常见的 24 种抨击方法及其应对策略

我们在此列举并讨论24种惯常使用的抨击方法。正如要看到的那样，它们都是基于制造恐慌、无限拖延、混淆视听、冷嘲热讽这四种方式中的一种或几种衍生出的策略。虽然还有许多细微的变体，但这24种方法却是最基本、最能搅局的。

对这24中抨击好主意的方法，我们这里也一一列出了有效的回应办法。正如要看到的那样，每一种应对办法均基于这样的策略：回应时尊重对方，简短清晰，且符合常理。即便对方不是在抨击你的计划，而是坦诚地提出一个在他看来很好的问题，这些办法均能发挥作用。每一种回应办法不会阻止那些合理的批评意见，但有利于阻止他人的言语抨击，以免让你的好主意化为乌有。

如果你时间仓促，可以浏览一下列举出来的那些应对办法，而无须现在一一详细研究（除非你马上有需要或更想熟悉其中非常有用的细节），但一定要把这材料作为参考指南保存下来。这一材料的简略版网上也有，网址为www.kotterinternational.com/buyin，或搜索Kotter and Buy-In，就可找到这24种方法。

基于抨击者隐含的态度，我们在此把这24种抨击方法分为以下三类。

1. 我们不需要你的计划，因为它要“解决”的“问题”

根本就不存在。

2. 好吧，问题是有，但你的解决方案不好。

3. 好吧，问题是有，你的解决方案也不错，但在这里它永远都行不通！

我们也穿插了一些简短的真实案例来说明这些回应方法在不同语境下的有效性。

我们不需要你的计划，因为它要“解决”的“问题”根本就不存在。

1.
我们已经很成功啦，为什么要进行变革呢？！

抨击：

我们过去从来没做过这种事，不也挺好的嘛。

回应：

的确如此。但可以肯定的是，我们都知道那些不能适应变革的人最终会被淘汰的。

新想法的提出，尤其是在没有任何危机存在的情况下，面临的最根本的问题或许就是："我们已做得很好啦，为什么要变革呢？！"警告 1：这个问题（像所有的 24 种抨击方法一样）能否决任何一个绝佳的想法；警告 2：清楚地洞察到有必要变革的人听到这样愚蠢的问题，会因此把提问者当成笨蛋，这就大错特错了。

坦诚应对这个问题有许多方法，但其中绝大部分没用。大多数的回应会毫无必要地扯到一些细节，继而引发无休止的争论。什么是成功？你怎么衡量成功？形势是怎么发生变化的？你有什么数据证明形势发生了变化？即便有变化，那些“被证明行之有效的方法”为什么就行不通了呢？回应所有这些问题，你可能要用长达52页的“企划文案”。这样做有时也管用，但貌似有理有据的15条回应也容易遭到一些人的反驳，他们往往会提出其他各种各样的抨击意见。

最好回应要简单明了、浅显易懂，本质上即“生活是不断向前发展的，要想持续取得成功，我们必须适应形势的变化”。每个人都知道这一事实（罗马帝国和通用汽车公司就是很恰当的例子）。必要时，可用广为人知的例子或更为具体的事例稍加说明。

2.

资金（或一项提议不能解决的其他某个问题）才是唯一的现实问题。

抨击：

问题是缺少资金，而不是（如电脑、产品安全、合唱曲目的选择等）……

回应：

单靠额外的资金往往不能创建出真正成功的工商企业或组织。

谈到业务拓展或创新时，总会有人以这样或那样的方式提出资金（往往是“预算”）问题，其一就是，“真正的问题是资金，而不是你担心的那些事”。

出于许多原因，用资金问题来抨击好提议是比较难于应付的。第一，因为资源总是很有限的，而资金几乎总是个很重要的问题；第二，资金很容易变成一个情绪化的议题；第三，与第一种抨击方法一样，它会把你拖入无休止的、毫无益处的讨论之中，讨论来讨论去，除了数字还是数字，而且这种讨论容易偏离你的想法。“为什么我们的收入减少了？我觉得那是因为……”“营销部门的预算提高了10%，而我们只有6%，这没道理嘛，我来解释一下为什么”。对所有可能抛向你的后续的言论和数据，你不可能都有所准备，你必然会显得准备不足，这样人们就对你慢慢失去了信任。不知不觉中，你已失去讨论的主动权，你的提议及其能带来的好处也烟消云散了。人们也会很恼火。

对于“真正的问题是缺少资金”这类抨击言论，需迅速回应，并把讨论转向你的想法或计划上。要以强有力的事实做出回应，当然也很简单：是的，更多的资金是好，但以“真正的问题是缺少资金”这样的态度，是很少能把组织、产品或活动推向成功的。这样的例子随处可见：史蒂夫·乔布斯就是在一个车库里搞研发的；托马斯·爱迪生也没钱去雇用50位有博士学位的科学家；乔治·华盛顿带领的部队也是严重资金不足的。

3.

你把问题夸大了。

抨击：

你也太夸张了吧。如果这是个问题的话，对我们来说也是小问题。

回应：

对于因此而处于不利境地的人来说，这个问题看起来肯定不小。

对处理任一问题的必要性进行抨击，基本方法之一就是认为它微不足道。“我们都很忙，与……相比，我们的时间应更好地用在其他方面。”聪明的反对者能一个接一个地提出问题，这些问题按理说，如不更多关注的话，至少也需予以足够的关注。这样讨论下去，你的好主意就被无限拖延下去了。

另一个简单、准确、强有力的事实可把讨论引到你的想法所能带来的好处上来。要利用我们的能力和他人产生共鸣，或至少对他们所处的不利境况表示同情。

几乎所有新的想法，都是设法以这样或那样的方式去帮助别人。说有些东西微不足道，或暗示出一个问题是微不足道的，这基本上就是说，那些人和他们的需要、希望或痛苦是微不足道的。如此思维并予以回应，这种常见的抨击通常会失去威力，也会使人们开始怀疑抨击者，而不是你的动机。

如果有人面临的问题间接地被认为是无足轻重的，让他出场或发言是不会造成伤害的。如果面对的是一个业已受挫并将会从变革中获益的活生生的人，几乎任何人都会支持所要推进的事情。想想第2章里我们提到的梅琳达——那个只有在森特维尔市图书馆才能用到电脑的少年。

一个真实案例

咖啡机

一家著名的公司在丹佛设有一个规模很小的销售部门。这个部门的咖啡室里有一个奇妙的装置，但做出来的咖啡绝非什么美味。往罐子里放 50 美分，就可以拿一杯咖啡。除了咖啡不太好喝这个无可否认的事实之外，一切都很正常。一些员工有了个想法：有一种自动的咖啡售卖机，一次仅仅一美元就会得到一杯高质量又经研磨且煮过的咖啡。为了能喝到真正优质的咖啡，我们引进一台这样的机子吧。由那家售卖公司负责安装维护，无需额外成本。这还不好吗？

他们就给部门里的每个人发了电子邮件，不料却遭到了第三种抨击意见："你也太夸张了吧。如果这是个问题的话，对我们来说也是小问题。"

从他们热衷此事的态度，你就可以看出，提出这个建议的那部分人没能充分考虑到会有人站出来为那些非常难喝的咖啡辩护。这种考虑不周的做法是不明智的，几乎所有的提议都会招致反对意见。本案中，如果他们考虑到这点的话，就会意识到应该有人为现在这种咖啡负责——就本案而言，是琼，这个很有人缘的前台接待员——她立马给大家群发了电子邮件，几乎就要把这个计划给毁了。

原本那份电子邮件的主题栏里写的是“更好的咖啡”，而琼回复时，主题是“街上有更好的咖啡”。她的邮件是这样写的，“我们的咖啡是我从一个很好的供货商那儿采购的，而且我也定期清洗咖啡机。在我的记忆里，它做出来的咖啡很不错。这是我至今收到的第一个‘投诉’。如果你们想喝‘绝好’的咖啡，在上班时到附近的星巴克买就是了。我个人还是更喜欢我们现在的咖啡。另外，我们大部分人工作都很忙，为什么还要写这些邮件讨论咖啡的事呢？继续忙自己的工作吧”。

好嘛！这就让提建议的那些人难堪了。他们本无意侮辱一个很棒的员工，但现在他们看起来却像一小撮自以为是、爱发牢骚的人。况且琼说得没错，部门工作压力很大，资源有限。

对于第三种抨击，建议的回应方法是：“对于因此而处于不利境地的人来说，这个问题看起来肯定不小。”还有，切记本书所提的这种方法要求回应时一定要对他人表示尊敬（其他回应策略也是如此）。

如果事关重大，面谈会更好，因为以邮件为媒介来处理争议容易产生问题。但那些建议者觉得面谈有点小题大做，毕竟只是关于咖啡的问题，况且大家都很忙。于是他们在午餐期间进行了讨论并精心起草了一份邮件予以回复。

他们邮件的主题是“更好的咖啡——我们试试吧”。邮件发给了琼且抄送给了其他所有员工：

琼，你说得没错。多年来，你一直在自愿付出，以确保我们喝到咖啡。虽然我们的建议可能显得我们很不认可你为此所做的一切，但我们绝无此意。你说的也对，附近就有几家咖啡店，可这些天我们手头很紧张，觉得卖的咖啡还是太贵了，不是最好的选择。而且如果外面风雪交加、非常寒冷，要出去买一杯美味的热乎乎的咖啡确实不容易，还花时间。如你所说，大家工作都很忙。的确，这是小事，但对星巴克的粉丝来说——我们中间有相当一部分人，他们和我们其他人一样都是好员工——可不是小事。所以试试这个新计划没什么坏处吧？我们可以保留那台旧咖啡机，想喝随时去喝。我们真的想试一试，而且这也能给你腾出一些休息时间（即便不操心咖啡的事，你工作也是很努力的）。

的确，用邮件解决这事有些冒险，但还是成功了！几分钟内，“谢谢，琼”“那就试试吧”之类话语的邮件就回过来了。大家达成了共识。

最终那个提议达到了预期效果。

4.
你是说我们一直都不尽职尽责！

抨击：

如果这是个问题的话，那你的意思就是我们一直做得很糟糕。这是对我们的侮辱！

回应：

不，我们的意思是，你们在缺乏这些必要手段（系统、方法、法律等）的条件下做得非常好，但我们的提议会使你们具备这些条件。

任何可能被解读为抨击他人能力（即便根本没那个意思）的事情都会遭到反击。新的想法似乎容易被认为是在暗示他工作不尽职。如果那些人人缘不好或不受尊重，这种抨击或许是在试探你。但在森特维尔图书馆的故事中，电脑计划的受益者工作能力强，也很努力，他们就是条件不怎么好（这里指的是设备落后）。

有效回应这种抨击的方法之一就是把“二选一”问题重新定位为“两者结合会更好”这一状态。人们工作能力强，同时也需要你的建议，二者不是要选择其一，而完全可以做到协调一致。除了他们的个人能力，要使某一活动或整个组织运转良好，还需其他的辅助。要尽可能地发挥他们的能力，也需其他辅助。而这“其他”或至少其中的一部分，就是你的想法或提议！

5.

你那提议背后隐藏的动机是什么？

抨击：

显然你的提议另有目的，我们倒宁愿你把它用到别的地方。

回应：

这不公平！来看看支持这个提议的人们的工作业绩吧（接着摆出你的理由）！

有时这种抨击方法用得很巧妙，有时则不然，但通常都会指责你是因自己的利益编造问题继而推行一项主张。如果人们对一项计划根本就持怀疑态度，可能就觉得它是否另有企图，这种事我们生活中见过很多。这也是为什么这种抨击方法具有一定的危害性。

你可以先用友好的、轻松的语气回应“没有”。此时为自己辩解容易落入圈套且于事无补。接着道出一个简单的事实：任何好计划都有一些支持者，他们或有名望，或很有人缘。在这种情况下，他们就能阻挡那些反对意见。

“你肯定不是在说，（非常受人尊敬的）巴里向我们隐瞒了他的动机吧。”这种回应显得轻描淡写，又不失尊重。真正对所提计划持怀疑态度的人听到后，会觉得“说得很好”，就不再说什么了，而一心为自己考虑的人则会很难把这个问题压下去。

好吧，问题是有，但你的解决方案不好。

6.

这个怎么办，那个呢……

抨击：

你的提议会留下许多无法解决的问题。这个怎么办，那个呢……

回应：

所有的好主意，如果是新提出来的，都会带来一些不确定的问题。

扼杀任一新的想法常用的方法就是提出许多问题，其中大部分问题不可能予以很好的解答，因为是新的想法，之前从未尝试过。抨击者甚至可能还会假装表示支持："我也想让这获得成功，所以在开始之前先回答（100题）。"如果一项提议受到20种质疑，即便没被搁置，至少也会因造成极大的困惑而落空。

在这种情况下，最好的回应是，首先温和地打断抨击者，不要让他向大家一连抛出50个问题。不要让混淆视听或制造恐慌的策略得逞，接着对所表示的担忧表示感谢（尊重），因为在那些忧心忡忡者、规避风险者和高度存疑者看来，那些所谓的担心似乎非常合情合理。然后指出另一个简单的事实：所有新的想法都可能会带来许多不确定的问题。这恰恰是一个简单的新想法或美好愿景的本质所在。历史书上永远都不会有这样的资料，表明一项新的计划会有百分之百的把握取得预期效果。然而现实中，如果说没有百分百的把握，就不要推行新计划，这会毁掉很多能使我们大为受益的好主意，非常时期还可能会导致灾难的发生。

7.
你的提议过于深入/不够深入。

抨击：

你的提议不够深入。

回应：

可能吧，但我们的想法将会使我们开始朝着正确的方向前进。如不再进一步拖延下去，情况会更好。

“不够深入”或“过于深入”是常见的抨击方法，几乎可用于任一议题的讨论。它们本身的表面效度[⊖]极低，而且在所提的计划不该或不能轻而易举地做出调整时，这些抨击方法就发挥了作用。

无论遇到两者中的哪种抨击意见，有效的回应要讲明以下几点：（1）好的，我们承认有问题存在；（2）计划指明的方向实际上是正确的，我很高兴我们都认同这一点；（3）那

⊖ 表面效度：从所提问题表面是否容易看出提问者的意向和答案倾向。——译者注

让我们至少开始做起来吧；（4）如果计划得过于深入，我们会发现这种情况，放慢进程，停下来调整一下，大家（包括你和抨击者）都是聪明人，足以把计划实施好。（5）如果它不够深入，例如项目资金筹措方式不当，这最终也将会很清楚，我们可以利用目前具备的任何成功条件——如果是个好想法，总归会在一些方面取得成功的——群策群力，向前推进。

8.

你提出了一个类似‘先有鸡还是先有蛋’的问题。

抨击：

不先做 B 的话，你不可能做 A；但不先做 A，你就不可能做 B，所以这计划行不通。

回应：

其实，做一小部分 A，会带动一小部分 B，这对 A 更有促进作用，于是更多地推进了 B。如此一来，两者都兼顾到了。

碰到那种古老的“没有鸡哪有蛋，而没有蛋哪有鸡”之类的问题，似乎无解。那就等于陷入了僵局，左也不是，右也不是。

对这种问题要有预见性并提前就备好应对方案，这很有好处。回应几乎总是这样的：要把两件或更多的事情同时向前推进。因此，不要单单着手某一件事，不要把它做完再做其他的。在没有完成 B 的情况下，不妨做点儿 A。虽然 A 只做了一点儿，也没做完，但非常有可能又把B向前推进一些。这样一次推进一小步，慢慢地，那些看起来不切实际的想法真的也会变成现实。

例如，开设一门大学课程，只有搞清楚会有足够的学生上这门课才能开，而如果不开这门课又怎能吸引学生来上呢？这似乎是个僵局。不，有办法的。先开小型研讨班，再慢慢扩大规模。一开始投入少，规模就小，只需15个同学。如果开研讨班的点子很好的话，肯定会有这么多同学报名。因为点子好，研讨的内容又有趣，小范围取得的成功下次将会吸引更多的学生参与进来，系主任就会有充分的理由分配更多的资源把研讨班变成一门小型课程。取得成功后……，两者相辅相成，相互促进。

9.

对我来说，这听起来就像“大部分人都不喜欢的事情”！

抨击：

你的计划让我想起了一件很不好的事情（如极权主义、有组织的犯罪、精神错乱、疾病……）

回应：

不是你说得那样。打个比方，这或许是……

你可能会觉得把一个优秀计划与毫不相关且不受待见的东西相比较，就立刻会使反对者处于不利的境地。然而相反的是，人们往往会记住这种比较所产生的印象，继而会给计划带来危害。更糟的是，你如果反应过激，那么危害更大，因此要很快驳回这种不恰当的类比，然后用简单的、令人信服且很吸引人的印象取而代之，所以也需提前做好准备。

例如：“你是设法向我们灌输这种思想啊，这像什么，希特勒统治下的德国吗？！”

“大家都是明白人，希特勒杀害了600万犹太人，所以我觉得这样的类比很不恰当。我知道我们目标很明确，但那是因为我们对这一计划很有信心。这样比较可能更好些：一个人有了个好想法，需要得到同事的认可，不然有好想法也没用，但他们脑子里都是一大堆事，还要赶着去开下一个会议，所以他确实不得不很快说出自己的看法，而且说话的声音比平常大一些。仅此而已。”

“还有其他问题吗？”讨论这样就接着往下进行了。

10.

你是在放弃我们的核心价值观。

抨击：

你是在放弃我们的传统价值观。

回应：

这个计划实质上是要坚持我们的传统价值观。

这种抨击很有挑战性。你打算怎么回应，是说我们的传统价值观不再重要，还是说这个计划与价值观无关呢？这样做通常是没有胜算的。

在深刻理解如下简单事实的基础上，回应才会有效，即在面对变革时，一个真正的好主意大都是坚持核心价值观的。

“这样，我们的计划确实要改变（如工作惯例、电脑系统和大楼等），但这将有助于保持我们的核心价值（如自由、家庭或机会平等）。

是的，我们建议开始做广告宣传（我们的创建者不讨厌做广告宣传吧）。我们认为这是个好主意，因为我们需要它来促进我们的发展，这实质上会带来更多的就业岗位和晋升机会，这也一直是我们的创建者深为关切的核心价值。所以，也许我们的提议看起来放弃了传统价值观，而实际上对坚持那些价值观非常重要。”

一个真实案例

并 购

在美国东海岸一个城市的中心区域，一电子商务集团（集团一）与另一集团（集团二）之间有着数十年的竞争。出于很多历史原因，集团一的员工把他们在这个地区唯一的主要对手不只是看做对手，还看做敌人。后来有一天，谁也没料到，集团二提出要并购集团一。

集团一的负责人仔细研究了对方的并购报价后，出于许多原因，认为这次并购总体上对投资者、员工和集团本身来说，是个好主意。他知道不但要向员工做出解释，还要解释清楚，这样才不会有麻烦。出于非常实际的原因，他不想看到任何优秀的员工辞职或士气低落。出于个人原因，他也不想失去那些相识多年的朋友。

他很清楚，一些捣乱者会提出很多问题，他要做好准备。还有，有人肯定会反对并购计划，因为这让他们感到不安或生气。因为与公司的发展相比，他们更关心的是自己的饭碗。他的想法没错。

他采取的沟通策略是：给所有员工每人都发一份精心准备的书面文件，接着立即召集三五十人开会。会议时间为 1 小时，开完后再和另一拨接着开。白天开，晚上也开，都由他主持。就在第一次会议上，他很快受到（第10种）抨击："你是在放弃我们的传统价值观。"有人说了这么一件事：据说对方对待一个客户的做法极不公平，这种事"我们永远都不会做的"。那个反对者越说越生气，那个并购计划会"毁了我们，我们所代表的良好形象将荡然无存，我们的创建者苦心打造的理念也将不复存在。你怎么想到要做这样的事呢？！"听到这儿，之前对那个计划还持谨慎欢迎态度的与会者也不同意了，反对意见起作用了。

对付这个问题，最"符合逻辑"（也最无效）的回应是："你说的极有可能发生过，但那只是早先的个案。我们这里也可能有类似的事。"可反对者的意见已引起大家的忧虑，简单合理的回应未必就能缓解那种感觉。接着这个老板就有麻烦了。

建议用下面的方式回应这一反对意见（第10种），"这个计划实质上是要坚持我们的传统价值观"。老板知道这种回应方法，筹备这些会议时也想过怎么做。他说："有一点你说得没错，我想我们都非常在乎为客户提供优质的服务。但不论我们喜不喜欢，我们这个行业里出现了一些大型的全国连锁机构，它们不一定和我们具有相同的理念，但它们不但非常善于竞争，而且规模庞大，采购成本低，给客户的报价也低。正如我们从美国国内媒体看到的那样，有些像我们这样的公司已被挤出市场，那才是真正放弃我们的价值理念。”

“与我们的长期竞争对手形成合力有助于我们的生存发展，甚至首先可能阻止其中一个大型连锁机构进入这里的市场。所以，这一并购计划不会丢掉我们的传统价值观，反而有助于更好地保持它们。”

当然，这与森特维尔图书馆的故事场景大不相同，它仅仅是一个复杂案例中一个场景而已，但它有力地证明了一点：第 10 种回应方法挫败了第 10 种反对意见。

11.

它太简单了，行不通。

抨击：

你肯定不认为一些简单的巧妙办法就能解决一切问题吧？

回应：

不是。正是大家的努力，再加上一些创新，这样形成的合力才能大大推进我们的事业。

有时，计划里的一些简单要点会显得很突出，对一些人来说，它们似乎“就是”计划本身。反对者会拿这说事儿。准确地讲，他们会说，那些方面太简单了，解决不了问题。

例如，他们可能反对扩充警力，说什么“增加枪械和警员不能阻止犯罪”。对此，最佳的回应通常要强调现有的和新增警力的配合，包括现在那些“富有才华的警员”。

所以可这样回应：“你说得没错，但那不是我们的提议。我们的提议是把运行机制、组织架构、新的预防措施、优秀的人力资源和其他辅助方面结合起来，这样做非常重要。”这就对了，这样回应还会弱化所谓“简单”的说辞，并置反对者于不利的境地，因为此时他如有任何回应，可能就是间接地认为现有的警员不怎么“优秀”。这种说法，往好里说，也会让在场的警员和他们的朋友很不舒服。

12.

没有其他人会做这种事！

抨击：

如果这是个绝佳的主意，为什么没人做过呢？

回应：

其实每件事都有第一次，我们的机会确实是独一无二的。

一个非常合理的问题是，如果这个新的计划很好，我们为什么没看见其他人采纳它呢？当然，有人会采纳的。

回应也简单，“任何想法的推行都有第一次，这是常识，那为什么我们不试试呢”？

如果提出的建议风险太大或代价太高，上面的回应可能就行不通了，至少过于简单了。有时仅仅再加几句话就够了，你怎么知道没人推行这种计划呢？世界这么大，说不定现在就有人在实施，只是你不知道而已。

如果反对者咄咄逼人、不依不饶，回应时可以指出，他貌似是在侮辱所在的组织、社区或团队。“你是说我们 / 你们没能力创新吗？没能力做前沿性的东西吗？我们/你们就永远必须随大流吗？坦白地讲，这对我来说像是种侮辱。”

当然，如果你知道将会遭遇这种反对意见，最好去找找之前采纳过你的计划（或有类似事例）的人或公司，这样会更有说服力。

13.

你不能两者兼得啊！

抨击：

你的计划提到X和Y，但它们又不可并存。你不能两者兼得啊！

回应：

实际上，我们并没说X或Y，我承认听起来可能是那样的，但我们说的是A和B，它们是可以并存的。

通常，有人会曲解你说过的两件事，使其明显看起来自相矛盾。这种反对策略会非常有效，因为反对者编造出的是自认为正确的话题。

例如："你说过这种设备不会很贵，可后来却承认它必须要耐用，因此从道理上讲，要花更多的钱。你到底想要什么，耐用还是便宜？你不能两者兼得啊！"

像这种情况，最好的回应是给予理解，接着温和地指出他们的错误。有些东西“不太贵”也“不大容易损坏”，你的提议实际上就是这个意思，但和直接说既“耐用”又“便宜”产生的效果完全不一样。

一个真实案例

小区路面的硬化

他刚大学毕业，干着第一份工作。他和爱人住在一个安静的小区，小区里有一条路（实际是一小巷子），没铺路面。这条路上车辆非常少（一天就一些邻居往返一两次），所以小区的孩子们经常在那玩各种各样的游戏，玩得还很开心。为了美观和减少灰尘，当地政府计划把这种巷子的路面硬化一下。如果邻居们签名同意实施，只要连续几年额外多缴一些税（我们的意思是很少）就行了。这个人把邻居召集到自己家里开会，向他们解释为什么他觉得这是个好主意，他们为什么应该予以支持。他认为这个计划会提高地价，路上开车也不怎么颠簸，也非常有利于孩子们玩耍，尤其是打篮球。

第 13 种抨击接着就来了："你不可能两者兼得吧！"本案中，说这话的也是一个像海蒂 · 阿根达的人。

支付这笔微不足道的额外费用，对海蒂来说很轻松，但她出奇的抠门儿，还不想承认。相反，她的反对意见很是冠冕堂皇。她指出，提议者说道路硬化后车更好走，由此看来，这真正会变成一条高速路（但是，当然啦，那人从未说过要变成高速路）。她还说，那人声称这个计划对孩子们很好，基本上就把这条路变成了一个很好的游乐场（可他从未说过要变成游乐场）。因此，她对邻居们说，这条路不可能既是高速路同时又是游乐场吧！那这个计划是什么呢？

回应这第 13 种反对意见，一般总要礼貌地指出，你并没有说“油”和“水”二者通常是不能相容的。你说的是“橄榄油”和“醋”，用它们做沙拉调味非常好。

那个年轻人很淡定，他记得这就是人们所说的因曲解而产生的抨击意见。他在尊重对方的前提下修正了曲解，也就化解了这种反对意见。他以实事求是的口吻指出，他并没有说希望铺了路面后车更多或开得更快，只是说在那种路面上开车感觉更舒服（他还顺便指出，出现车多或开得快的情况的可能性很小，如果出现了，也可以用减速带予以解决）。而且他从未认为孩子们实际上可以把这条路当成游乐场，只是说几十年来一直都有小孩在这条安静的巷子里玩耍，没有谁被车撞伤过。所以，这个巷子路面硬化后，司机驾车体验会更舒适，同时孩子们玩得也更开心。

最终他们铺了巷子的路面。这肯定不能为一种可怕的疾病提供治疗方案，但毕竟改善了社区环境。像这样一点一点地改进，累积起来的效果也是很惊人的。

14.

啊哈！你不能否认这个吧！（“这个”是指一件令人担忧的事情。对此，建议者一无所知，而抨击者则讳莫如深。）

抨击：

不好意思，你本意是好的，可看看，你明显把这个问题忽略啦！不能否认，这个问题事关重大！

回应：

没人会否认你刚才提到的问题的重要性，而且没错，我们也没考虑到，但目前我们发现的每个潜在问题都很快得到了解决。鉴于此，我相信今天这一新问题也会像其他问题一样得以解决。

这一反对意见难于招架，它通常含有些许不可否认的事实，而且故意对你讳莫如深，一旦在最糟糕的时候被抛出来，你会非常尴尬。在完全没有防备的情况下，你就会显得

语无伦次，这正是抨击者想要的效果。但下面这种回应方法非常有效，屡试不爽。

首先，接着对方的话，坦率地指出你实际上是第一次听到这事。对于由刚得到的信息带来的新问题，试着在很短的时间内想出很好的解决方案是很有风险的，所以也不要试。

然后你非常坦率地说，你会把这个问题调查清楚的，但还要指出一个简单而合理的事实：你对研究过的其他问题都找到了解决方案。鉴于此，所提的问题同样也能得以解决，这样说难道真的没有道理吗？所以，感谢乔治提醒我们注意到了这个潜在的问题。还有，也谢谢在场所有提醒我们的人，你们的问题也都一一解决了。

15.

这个主意会产生这么多问题和担忧，它肯定有疏漏。

抨击：

看看，大家有这么多不同的担忧！这不可能是个好主意！

回应：

实际上，如果有许多问题，那是好事，因为它表明我们很用心，而一个用心的团队不仅能做出更好的决策，还能更成功地把它们推行下去。

应对这种抨击会比较棘手，因为太多的担忧可能表明问题真的存在，但这一策略往往是用来扼杀计划的，回应的最佳方法同样很简单。

你得承认面临的问题（表示尊重），然后指出人们提出许多问题实际上是好事，原因有三点。

第一，它表明要解决的问题或面临的机会很重要，不然人们不会花精力进行讨论。每个人都很忙，我们不会把时间花在无关紧要的事情上。

第二，引起这么多争论有助于证明你确信的好想法的确是个好想法。如果认同一个想法，却几乎没什么可担忧的，这一想法真的就没得到验证。你也不想要未经验证的想法。

第三，对于一个根本上来说是很好的计划来说，能提出好问题并表示合理的忧虑有益于计划的调整。

16.

我们以前做过类似的事情，行不通。

抨击：

那个我们以前做过，但行不通。

回应：

此一时彼一时，现在的情况肯定有所变化

（而且我们的提议不可能就是以前做过的那样）。

你提出的可能是新计划，但往往有人会说它不是，说它和之前推行过的那个失败的计划具有相同的特点，因此证明你的计划注定也会失败。“2005年的时候，我们做过类似的项目，结果呢，没有任何效果，还花费了……”

作为准备工作的一部分，你要了解一下以前做过的项目，这对你没什么坏处。遭到这种抨击意见时，你要承认以前的情况和现在的计划之间存在一些共同点。但也要指出，这两个计划涉及的内容不同，或者现在面临的情况发生了变化，或更可能的是两者都有。

你可能会（或者在对方的“引导”下）做出非常详细的

解释，这样就陷入了另一个圈套。抨击者会不断提出各种问题，而你或许记不得或不知道所有相关的细节了。因此，回应要一语中的，让对方无话可说：时代变了，如今的形势肯定跟以前不一样。

真的就这么简单……那就不要把它搞复杂了。

一个真实案例

微　慈　善

她曾是（现在还是）一家慈善基金会的理事，该基金会旨在资助城市低收入人群，因此基金规模相对较小，理事会此前一直是从众多的申请表中挑选资助对象。在工作中，她逐渐觉得，理事会成员远离市区，无法真实了解哪些才是最值得去做的小型项目。因此，她先是以书面文件的形式，后来又通过电话会议向其他理事提议：每年从可支配的资金中拨出一部分给市区现有的一家或几家机构，反过来请它们去资助当地一些小型公益事业。那样的话，由熟悉情况的人做出的许多决定，才能把事情做到实处。

她的提议遭到了反对（第 16 种抨击意见），“那个我们以前做过，行不通”。此前在讨论这个提议时，一个类似于鲍姆巴斯 · 梅亚尼那样的人就一直这么抨击她。一个像本蒂 · 温迪那样的人（这次是个男的）此时也觉得要参与一下。他提醒大家说，几年前，有个人打算对社区里的一些花园进行维护，向基金会申请资助，并由它来“分拨”申请到的资金，对此我们予以了支持。那人聘请了一个顾问考察了那些花园的现状（后来才知道，那个顾问是他的表亲)。最终所有的资助实际上都进了那个顾问的腰包，根本没用来维护社区的花园。

怎么办？对这种反对意见，那位受到抨击的女士知道一般的回应方法，“此一时彼一时，如今的情况肯定发生了变化，而且我们的提议和以前有所不同，表现在以下几个方面……”就这样，她不无尊重地指出，这两种情况表面上看比较类似，但其实不同。她说，对于如何有效分拨资金，她的计划是要对资助对象进行具体评估。她强调指出，这种评估以前没有做过。而且与几年前相比，把资助的决策权下放更有利于把钱用到实处，这种做法在其他许多地方也证明是成功的。“那么为什么不试试看呢？”最终他们认可了她的计划。

好吧，问题是有，你的解决方案也不错，但在这里它永远都行不通。

17.

它太难以理解了。

抨击：

我们当中有太多的人永远不会理解这一想法的，自然不会帮我们把它付诸实施。

回应：

这不是问题。我们会做出必要的努力去说服他们，这样做很值。

这种抨击难于应对，因为抨击者可能以你的支持者的姿态出现。她喜欢你的计划，也想把它付诸实施，可不幸的是，“他人”会产生误解，仅此而已。

事实上，如果花些时间就能用简单的话语把一个想法解释清楚，几乎任何人都会理解的。诚然，如果没有有效的沟通，不但计划会搁浅，而且还会无谓地耗费大量时间和人力等。但是做到思路清晰、言语简洁，是“交际能力”的核心，而且思路清晰往往会非常有效，总有可能得到认可。所以，你可以这么说：“既然你认为这个计划很好，那当然值得我们努力去做沟通工作。”

“我们只需要清楚地表达我们的想法。”

“不要因为过去有过失败的经历，我们就不再相信能把一项计划向‘他们’解释清楚，人们通常比你想的要聪明。”

一个真实案例

小费与小“领地”

在南方的一个小城里有家老餐馆，一年到头大都就两个服务员在上班。在夏天旺季比较忙的几个月里，老板会另招一个服务员，通常是需要暑期打工的大学生。

两个正式员工中，一个是玛吉，他工作时间最长（可能一直就在那儿）；另一个是温蒂，虽然她相对是个新人，也年轻些，顾客同样也很喜欢她。这家店不错，新来的大学生汤姆对老板能雇用他心存感激，也很喜欢这份工作。

可有一个问题。汤姆听说，与做这个工作得到的最低工资相比，客人给的小费可能大约是其两倍之多。他也需要这些钱。可餐馆是这样运作的：老板已分别给这三个服务员固定分派了一小块“领地”，负责服务的餐桌数量一样，顾客想坐哪儿都可以。客满的时候，各自服务的顾客数量相当，得到的小费也就大致相当。可是餐馆在不少情况下是不忙的，玛吉负责的区域靠门最近，所以顾客往往会坐在她那儿。因此，汤姆考虑给老板提议，调整这种运作方式。

温蒂人很好。一天汤姆问她对这样的安排怎么看时，能看出来她自己无所谓，也没想着去改变一下。作为单亲妈妈，她就想做好自己的本职工作，把忙忙碌碌的日子好好过下去。

一天，汤姆和家人在吃饭时谈到了这件事，问他们觉得他应不应该把问题提出来。一方面，他感谢老板给了他这份工作，但他只是短时间打工而已；另一方面，温蒂或将在那儿工作很长时间，那样的安排对她不公平。于是他想出了一个简单的解决办法。几个服务员轮流负责不同的区域，这样均能接触到不同的顾客。可一个无名小辈怎能提这事呢？汤姆的妈妈问他涉及哪些人，并和他一起讨论了可能会有什么结果。汤姆觉得这件事要么现在就提，要么干脆不提，并发誓第二天把他的想法提出来看看。

于是，第二天上午大家都在准备开门迎客时，汤姆对老板（也是大厨）萨缪尔·穆里根老先生说："穆里根先生，我可以提个建议吗？"就这样汤姆说出了他的想法。

可以料到的是，玛吉不会赞同汤姆所提的建议，因为这样做会减少她的家庭收入。可能也少不了太多，因为她丈夫是当地一家公司的主管，但毕竟她得到的小费会有所减少。玛吉提出了反对意见，反应之快清楚地表明了她对此早有准备。她抛出了针对性很强的抨击言论（第 17 种：难以理解这个想法）。

她话说得有点绕，也很有意思："汤姆，这是个聪明的想法——你的计划会更公平些——只有像你这样聪明的大学生才会提出来，但是我们不是聪明的大学生。上帝保佑！温蒂连把顾客点的菜搞得一清二楚都有困难，而且我们一些上了年纪的顾客对此也会感到很困惑。例如，他们一般都在温蒂负责的区域吃饭，如果她突然不给他们服务了，他们肯定会喊她过去，这样就没人给她真正负责的顾客提供服务。她也很难向他们解释，这么多年都是每人固定负责一块，为什么现在变了呢。这样店里就乱套了。你可能觉得你那个建议很简单，但事实是，这儿的每个人都会觉得它很复杂，不可理解。"

还好，汤姆很幸运。他妈妈实际上已预料到所谓"很复杂"之类的反对意见，所以他已有所准备，就用我们建议的方法对这第 17 种抨击言论予以回应："这不是问题。我们会做出必要的努力去说服他们的，而且值得这么做。"

本案中，汤姆这样对玛吉和老板说："玛吉，老实说，我觉得我们店里的人和大部分顾客都比我学校的许多同学聪明。为了让这一新制度运转起来，可能要花点时间和精力去做出解释，我也同意你这样的看法。但如果这个制度更为公平，你也提到了这一点，那么我们花点时间和精力肯定是值得的。而且它有什么坏处吗？我们总归还可以接着沿用原来的做法吧。"

萨缪尔·穆里根老先生的反应非常敏捷，他简短停顿了一会儿说:“你说得没错，孩子。我们试试吧，现在就开始。”

多年来，这个建议使温蒂和她的孩子们的收入状况大为改观。对汤姆来说，他也从中学到了很多。

18.

主意好是好，可现在不是时候。

抨击：

主意好是好，但时机不对，需要等我们把手上其他事做完（或要先把手上其他事做起来，或形势有了一定的特殊变化后再说）。

回应：

最佳时机几乎总是出现在人们情绪高涨，而且准备尽心尽力去做事的时候，现在就是最佳时机。

该策略通常是这样的：对手（又一次）假装喜欢你的计划，但不是现在，而是在适当的时候。

你总能找到一两个例子证明，可以等到有的事情忙完了、其他事情做起来了或形势有了一定的变化再说，这点也许有道理。但是，把一个想法无限搁置起来的做法太常见了，所以不论你什么时候有了好主意，一般原则是不要拖延。

另一种抨击方法是说，“我们已有 24 个项目了，所以现在不能再加第25个了”。很好的回应是，“你说的这点很好。没人能把24个项目都做好，所以我们需要立刻剔除所有那些不如这个计划的项目”。如果这样做了，不仅对你的好主意，而且对组织的健康发展都会大有好处。

19.

推行这个计划需要做的工作太多了。

抨击：

这好像很难啊！我不确定我们能不能把它做下去。

回应：

事情难做是好事。面对困难，解决起来是很费时，但真正的好主意既能提振我们的精神，又能让我们避免浪费时间。

在人们真的觉得工作时间长而工资又低（这一问题如今比较常见）的情况下，这种抨击威力很大，但对此同样也有合乎常理的回应办法。

约翰 F. 肯尼迪在谈到登月计划时说："我们能取得成功，不是因为它容易，而是因为它很难。"这句话听起来可能有悖于我们的直觉，但确实很有见地。

虽然值得去做的事可能会很难，但往往没有想象的那么难，因为它们带来的价值会赋予我们力量。人的奇妙之处在于，为了一项值得为之奋斗的事业，我们会一改疲惫的心态而变得斗志昂扬。历史告诉我们，具有士气的团队，即便仅有一点点士气，也会取得更大的成功。

下面有两种说法都在说明所提建议的重要性：其一是，“整个计划是要把电脑升级，达到MLX标准”；其二是，“图书馆馆员多年来为我们做了很多很多，这个计划将有助于他们开展工作。对于平时不怎么能接触到电脑的孩子来说，这也对他们将来上大学或找工作很有好处”。二者的差异还是很大的吧。

20.

它在这里行不通，我们的情况不一样！

抨击：

它在这里行不通，因为我们的情况很不一样。

回应：

是的，没错，我们的情况不一样，但也有很多方面是一样的。

“我们的情况不一样”，这种托辞人们经常使用，因为它很有效。我们的情况都不尽相同。最好的回应就是不要就这点争论下去，而是另有所论。

面对一群受过良好教育的人，或许可以这样说：“正如你们所知的那样，无论是一名韩国的少女，还是一位美国的退休男子，我们和他们 99.99% 的基因都是一样的。人和人总体上是非常相似的，不是吗？”不同的组织也是如此，这一点每个人（例如，到处出差的信息技术人员）都很清楚。

与所有其他有效的回应一样，最好举个简单的、容易引起人们共鸣的例子。在筹备会议或撰写备忘录或发言稿时，找个例子没有你想的那么难。

一个真实案例

差旅管理

弗兰克是一家公司的销售经理。该公司主营高端的制造业设备，产品专业性很强，在业内处于领先地位。公司的重要客户遍及全国各地。虽然产品销量很小，但每份订单都高达数万美元之多，因此为获取订单和提供售后服务而产生的差旅费根本不是问题。这样也使整个销售团队的人员比较集中，并能与技术人员密切保持联系，为客户提供业内闻名的“全方位无缝对接服务”。公司有个非常忠实的客户群，他们几乎已遍及全国各大城市。对弗兰克来说，这既是问题，又是机遇。

问题是，就他目前的了解，给销售人员分配客户的制度……根本就没有。他来公司时，接替了一个离职员工的职位，发现他的客户遍及全国，团队里的其他五名成员也是如此。在一些情况下，不同成员在同一城市都有客户。让弗兰克感到郁闷的是，他太多的时间要花在旅途中，而不能更多地与客户交谈（或陪陪他的孩子）。他坐飞机到某地出差时，一个同事可能正在飞往另一地的航班上。

这对弗兰克来说也是个机会。如果他能想出好的解决方案，销售主管的职位如有空缺，公司考虑他担任这一职位的可能性会大大提高，这于公于私都是好事。更重要的是，这会损害其他人的利益吗？

一个不好的点子持续存在了很长时间，它肯定符合某人的利益。原来，销售主管过去早已考虑过这个问题，但另一个销售经理拉里·亨德森，总能提出理由来维持现状。事实上，拉里不大喜欢工作，爱出差，喜欢经常坐飞机出差，喜欢不着家（其他的就不说了）。“全国每个角落”都有其重要客户，对此他很是自负。更重要的是，拉里非常肯定，他就是下一任销售主管的人选，而且他会不惜一切代价来确保别人无法与他抗衡。

在一次销售工作会议上，弗兰克虽然鼓起勇气发表了他的看法，但心里也没底。他简短且清楚地总结了存在的问题，并给出了解决方案，认为改变一下客户管理模式即可。他的发言思路清晰，令人信服，获得了一些好评。这时，拉里必然有话要说。长期出差的途中，他肯定花了时间为这一天的到来做好了充分准备。

“弗兰克。”他说话的语气低沉，又透着威严。他停顿了好一会儿，以确保每个人都能充分关注到他下面要说的话。就这样，他抛出了反对意见（第 20 种），大意是说，我们的情况不一样，所以弗兰克的想法在这儿行不通。拉里用词精当，看来他是设法让弗兰克下不来台，同时又达到阻挠计划的目的。他是这么说的：

弗兰克，我们一起共事有多长时间了？6个月吗？哦——都2年啦！真有那么长吗？好吧，我不确定你之前在哪工作，但你之前显然做的不是优质电声转换器的供货工作，而且肯定也不是最好的供应商，因为这种产品的最佳供应商只有一个，那就是我们。为什么我们做得最好呢？是我们的产品更好吗？不是！是我们的价格较低吗？不是！我们之所以是最好的，是因为客户喜欢我们。为什么他们喜欢我们呢？因为在他们需要的时候，我们就在他们身边。我们一直是这么做的，也将一直这么做下去。这是我们一贯的做法。弗兰克，你的“整合营销”计划很“典型”（他用手指把这两个词标上了“引号”），很像我们竞争对手所做的那样。如果放弃我们的一贯做法，我们就和竞争对手没什么两样。我在想，既然你很喜欢那个计划，为什么不把它提供给我们的竞争对手呢，这样我们就能轻轻松松地赚到大钱啦！

正常情况下，像弗兰克这样的人听了这番话，会发誓再也不在会上发言了。这样最终导致的结果是，本该给弗兰克的晋升职务的机会却让拉里得到了。但这次不一样，弗兰克实际上已料到会受到这样的抨击，甚至连拉里这种说话的语气也想到了。

在这种场合下，时间似乎都慢了下来。这样弗兰克就有机会想出好办法按照我们的建议予以回应，大体意思是，“是的，没错，我们和别人不一样，可也有很多相同的地方啊”。

在弗兰克淡定地回应时，所有的眼睛都盯着他看。但他的话不是说给拉里的，而是对在场的其他人说的，因为他感觉到这些人通常都很讨厌拉里那种傲慢无礼的态度。只听他淡定地说：“是的，我们当然在很多重要的方面与众不同，但很明显，我们和竞争对手一样都有财务上和时间上的压力，我们是同行，从同样的劳动力市场招募员工，缴纳同样的税，把产品卖给同样的客户，用的是同样的会计制度。再想想看，我们和对手之间的共性是大于个性的，但这并不意味着我们的每一点差异都是必需的、完美的或最好的。可以肯定的是，对于可能的改进措施，我们必须要有开放的心态，不能因为我们已经很完美了或很有特色了，就认为我们没有改进的余地了。我提议，大家现在就以一个开放的心态把这个问题想清楚。”

销售主管转过身来，亲切地对弗兰克说：“说得很好。会后把你的计划发份备忘录给我。”在场的人都笑了（当然，除了拉里）。

那份备忘录产生了效果，那个计划获得了认可，公司在国际市场上的业务也逐步得以扩展。弗兰克的职务也第一次得到了提升，后来又被提升了几次。

21.

它会使我们面临的情况越来越糟。

抨击：

你这是一步步把我们引向悬崖啊。今天一招儿不慎，就会造成明天的失败。

回应：

为避免陷入失败的境地，优秀的团队——总是——按常理运作。

“如果你今天有个小小的举措，你还会有下一个、下下一个等，这样最终就是大麻烦。”这是另一种很好的抨击方法，因为我们几乎所有人都能根据自身经历想到至少一个例子，来证明似乎就是那么回事儿。但如果你非常了解自己所处的境地，并用常识处理问题，事情不一定就会那样发展下去。

回应这种抨击意见，比较好的方法是提出一个反例，引起人们的共鸣。

“我们现在可以让 10 岁的小孩有机会接触一些东西，如电视节目，在 100 年前这是不可想象的。理智的人会讨论此事的利弊，但这绝不意味着我们慢慢就会允许一个10岁的孩子有权去开车或在总统大选中投票。虽然我们可能有时会这么想，但我们知道那的确是有悖常理的。”

你也可礼貌地提醒人们，好的组织都会通过其所坚守的价值观、判断力和基本理念来维持它们标准的行事风格。这样你就可以接着指出：“我们就是个非常优秀的团队。”抨击者对此还会有争议吗？

22.

这个我们负担不起。

抨击：

计划也许是好的，但没有新的资金来源，我们无能为力。

回应：

实际上，重大的变革大都是在没有新的资金来源的情况下完成的。

之前（第 2 种抨击），我们讨论的反对意见是，你的建议不是问题，唯一的问题是没有资金。与它不同的是，此时的批评者承认存在问题且有合理的解决办法，但那个好建议根本无望在组织（或在小组，或在家庭）内部推行，因为实事求是地讲，我们负担不起，除非把其他方面需要的资金挪过来用。看看我们的预算！

对此的回应也简单：我们肯定负担得起，我们可以重新理清事情的轻重缓急，可以借款，可以请求他人予以资助。

事实上，在很多情况下，要很好地推行一个新的计划必须先筹钱，它不会在那儿等着人去拿。人们如果真正认同一项提议，就能筹到资金。人们总能做到这一点。

23.

你永远无法说服足够多的人来支持这项计划。

抨击：

这项计划不可能获得大家的一致同意。

回应：

你说的绝对没错，那几乎不可能，可也没问题啊。

这与前面讨论的反对意见（“其他人不懂”）不同。它在这里有两层意思：其一，对于一个好主意，不论解释得多么详尽，组织里总有一些人就是根本不同意；其二，这是个致命的问题。第一点难以置辩（你不可能得到每个人的同意），因为它大体上没错，但这并不能证明第二点（你有个致命的问题）。

因此，最佳的回应很简单，基本上是这样的，“没错，任何事情都不可能得到100%的同意，要得到80%的同意都难，可新的想法、计划和愿景都一一变成了现实。所以现实告诉我们，要几乎所有的人同意做一件事没有必要”。

但是千万别忘了，只有 **51%** 的支持率几乎不算完成任务。计划越大，你就需要得到越多人的热切认同。

24.

我们根本就没有条件去做这件事。

抨击：

我们真的不具备做这件事的技能或资历！

回应：

我们具备很多必需的条件，而且其他方面的问题也将会一一得到妥善解决。

举世闻名的人类学家玛格丽特·米德曾经说过："永远不要怀疑，一小部分有思想、有担当的人就能改变世界。实际上从来都是这样的。"此话没错。

一直以来，一些成功的团队不是具备了所有需要的技术或资历才去实施一项好的计划，而只是具备了部分条件。接着他们会想方设法获得他人的认同，并最终获取其他所需的资源。

顺便提一下，一些很有思想的人虽然支持你的想法，但通常你还是显得不自信。身边肯定有些类似的例子，尽管起始阶段缺乏一些技术，但最终获得了巨大成功。援引这些例子有助于打消他们的疑虑，使你的这种理念越发可信。

第 8 章

快速指南：拯救好主意

那么，这一指南能把你的好主意引向何方呢？

据我们观察，小到在最好朋友的生日宴会上吃什么口味的蛋糕，大到与哪家公司合并，如果你有个好主意，而且想赢得相关人士的强烈认同，你都可以采用以下四个简单的步骤，这样做会节省时间，提振信心，大大提高成功的可能性。

步骤 1：自我评估

首先，要评估自己的状况，确保没有忘掉任何明显的东西。

一而再地核实计划总归没有坏处：真的仔细倾听了反馈意见并综合了所有好的建议了吗？

回顾一下已就那个计划进行了哪些沟通（面对面的交谈、会议讨论、备忘录、电子邮件），估计已获得多大程度的认同。此时要当心，他人有多大程度地理解一个好主意，有多大程度不怎么接受它，对此人们往往会估计过高。你真的知道哪些人需要它，且对它有多大程度的认可度吗？有具体证据吗？

问问自己，交际领域的专家一般都会建议做的那些前期工作做过了吗？

- 你的想法确定已经非常清楚了吗？你能把想法向乘电梯上帝国大厦顶楼的人解释清楚吗？
- 在与相关层面进行更广泛的讨论之前，有人同那些可能的支持者谈过相关问题吗？
- 如果由一些支持者来回应某些反对意见会更有说服力，要请他们做好准备，你做到了吗？
- 何时以何种方式与相关人士沟通最好，对此有总体计划吗？
- 就像森特维尔的故事那样，如果需要面对面地讨论，提前和其他支持者进行角色演练，先是提出反对意见，接着立刻回应，如同真正的会议所要表现的那样，这一点做到了吗？
- 切记，一条很好的经验是，利用不同的场合和运用不同的方法，再怎么沟通都不为过。
- 诸如此类，交际领域的专业人士还可能会提出另外的一些想法，问问他们的意见。

步骤 2：重温本书提出的策略

想想本书的关键信息：四大抨击策略、总体的回应对策及 24 种具体的抨击和回应方法。

切记，基本的抨击策略确实只有四种：

1. 制造恐慌；
2. 无限拖延；
3. 混淆视听；
4. 冷嘲热讽（或人身攻击）。

而且回应的方法也只有以下几点：

- 让反对者参与到讨论中来，并让他们“炮轰”你。
- 回应清楚、简洁明了，符合常理。
- 始终尊重对方，不要打口水仗或变得崩溃或处于防守的状态。
- 关注所有的观众，不要受批评者的干扰。
- 对那些必然会遭遇的反对意见要有所准备，涉及的风险越大，准备越要充分。

还有记住，没有理由要背下那 24 种具体的抨击和回应方法。相反，能把第 7 章提供的内容用起来就可以了。如果风险不大，不需要得到多少人的认同，干扰意见也不多，很快翻翻那些内容可能就够了。通过反复使用，你就会慢慢记住这些最为常见的抨击和回应方法了。随着风险的加大和抨击的增多，更值得花点时间进行头脑风暴，想想可能会遭遇的抨击。

步骤 3：头脑风暴应对抨击

如果风险较大，一定要专门花时间进行一次或多次头脑风暴。要富有成效，好的做法是有个小团队，而不是一个人。如果团队成员能提出不同的想法且很有见地，那就再好不过了。梳理一下常见的 24 种抨击，想想会遭遇的种种猛烈“炮轰”，这一点很有好处，但形式上要结合具体情况。梳理时，你会想出第 25 种或 26 种，会和我们列举的那些稍微有所差别，回应办法可能也会和我们所提的有些许不同。

这其实没有一开始想得那么难，因为总有这样的情况，有些抨击根本不会碰到，有些可能很好应对，无须多想。但对于那些和其他事互有关联的抨击——可能是第 5 种，也可能是第 14 种——特别需要头脑风暴。你会发现，不这么做就想不到一些潜在的抨击意见。在真正需要时，你能在尊重对方的前提下游刃有余地予以有效回应，那会是多么令人快意的事情。

下面以第 16 种抨击作为具体的例证。“那个我们以前做过，但行不通。”如果你能料想到有人会提出这种意见，想想抨击者会拿过去什么具体的失败案例来说事。一般的回应是，“情况不同，彼一时此一时”。但如果你脑子里有素材来说明现在的情况有何不同——最好有简单的事实依据——也准备在非常尊重对方的前提下，简单明了地说给在场的人听，那会对你很有好处。

准备工作无需多长，但很值得去做，因为真正碰到出乎意料的抨击时，极少有人能予以很好的回应。换句话说，已有多少次你沮丧地避开和反对者交锋时会想“要是当时我说……就好了”呢？

做好准备工作会让你更加自信，而且你的自信不是痴心妄想，而是基于切实的思考。在激烈论辩期间，即使对方的反对意见出其不意，通常你也能更快地表明你的态度。

步骤 4：学以致用

最后，一定要在实际中运用本书讲到的方法和你在头脑风暴过程中构想出的回应对策。虽然这一点似乎非常明显，人们一直读书甚至也参考书中的内容，但在需要时却不真正用其所学。每天都有各种各样的任务、信息和会议等，疲于应付。不要让这种事情发生在你身上。

还要切记：对于抨击不要逃避，而要积极应对，这样做会挽救好的想法。如是重大计划，此法甚至可能——至少偶尔——会使这个世界变得更加美好一些，为了我们，也为了后代。

妥善应对反对意见的最后一点想法。

好主意破灭了会怎样：（1）一家大公司一天毁掉20

个好主意（如果它有1万员工，20个好主意为数不多）；（2）一个国家每1000人一天使一个好主意破灭（这听起来为数也不多）？算一算，你就会发现，一家大公司每年否决的好主意会超过5000个，在北美洲每年就有超过300万个好点子被否决。一年就算300万个，假设其中最好的点子占1%，就有3万个！如果得以实施，或许会对我们一些人或大部分人，产生很大的影响。

你建议进行某一重大变革，老板推行时却偏离了方向，仅此一点就会造成负面效应——失业率攀升、股价下跌、产品和服务质量下滑等，千万不可低估。如果那么做的不是你的老板，而是一个为你的公司提供关键性软件的机构，或是一个肩负着使你的家人免受恐怖袭击的部门，结果将会怎样？

否决好点子的数量会增加，可能造成的后果也会越来越多。显然，那不是什么好事，也没必要再那么做下去。

让我们一起阻止这种无谓的损失吧。

附录

本书的方法如何有助于推进大规模的变革

本书的作者之一（科特）近 20 年来一直致力于研究，在非常具体的大规模变革项目的语境下如何获得他人的认可。大规模的组织变革的重要性日益凸显，因此我们认为有必要说明一下本书的内容与该语境是相契合的。

研究清楚地表明，人们甚至是富有经验的主管，并不十分擅长推行转型性变革或任一重大变革。许多研究已经表明，需要重大变革时，人们 70% 的时间是在退缩、在否决、在尝试，或败得很惨，或花去了双倍的时间和金钱，却只达到预期效果的一半，结果是心力交瘁。

然而，也有一些组织通过变革抢得先机，而且这样的变革按大多数标准来看，很是成功。非常幸运的是，我们发现，在那些成功的案例中，都有一种清晰的模式在起作用。这一模式含有八个步骤。

成功进行大规模变革的八大步骤

步骤 1：增强紧迫感

很多人发现有一个大好机会，而且为了充分利用这个机会，不论自己所做的事情多么渺小，他们都愿坚持不懈地做下去。变革就这样开始了，自满的人不再志得意满。有人内心求变的愿望或许非常迫切，因为他们的行动充满活力。虽然他们热情高涨，求变心切，实际上没完成多少事，但毕竟他们看到了机会，开始乐观地思考问题，不再在原地兜圈子，工作逐渐就会富有成效。

步骤2：组建引领变革的联合团队

有了足够强烈的紧迫感，一个引领变革的强有力的团队便应运而生。在这个团队里，一些人或很有威信，或在组织内部的各个部门都有人脉，或有领导才能，或有正式权限，或还具备其他条件。因为这些人有种强烈的紧迫感，没有人强迫他们担任所谓“委员会”或“工作组”的工作，他们是主动自愿地施以援手，而且他们是以团队的形式相互协作，即使他们当中有成员来自组织里别的部门或别的地方（因此用“联合”这个词）。

步骤3：确立正确的愿景

组建的联合团队是确定变革愿景和变革策略的中坚力量。它要解答下面的问题：如果能成功抓住这个最大的机会，几年后我们会有什么样的不同？为了实现这一愿景，将采取什么策略或战略举措呢？联合团队的成员之所以能很好地回答这些问题，是因为他们确切地了解周围发生的变革，了解组织的实际情况，以及他们深为关切的是什么。

步骤 4：有效沟通以获认可

为使变革愿景和策略得到广泛认同，心中的那份紧迫感促使联合团队的成员想方设法去和每位相关人士不断进行沟通交流。典型的渠道有：召开会议、发邮件、发文件、面对面交谈和张贴海报等。即便已有足够的人士从思想上和情感上都表示支持，这一过程还是要继续进行下去。

步骤 5：赋予行事自主权

人们如果认可某一愿景，就会自发地寻求办法来推动变革，但几乎不可避免的是，他们会遇到一些障碍。这些障碍形式多样，例如，老板还没表明支持的态度，没有配套的信息技术系统，缺乏技术和相关培训等。联合团队要千方百计排除万难，创造条件帮助人们做他们想做的事，以更好地推进变革。

步骤 6：取得短期成效

有了紧迫感，又有既定愿景和策略的指引，再加上赋予的自主权，人们很快就会凝心聚力，取得一个又一个成功。所取得的成就有目共睹、无可争议，原本怀疑变革的人也就变成了变革的支持者。有些人原本以为变革者都是出于私心，现在也无话可说，变革势头也就越发强劲。

步骤7：坚持不懈

早期取得的成功，虽是大家都想要的，但也会带来自满的情绪。要实现重大变革，暂时取得的一些成就远远不够，所以必须坚决克服自满情绪。在成功推进大规模变革的过程中，要预先考虑到这种问题，并采取措施不断增强大家的紧迫感，不断激励大家取得更多的成就，永不放弃，直至实现所有必需的变革。只有这时，组织的变革愿景才会变为现实。只有在大家都清楚地了解了这一点之后，努力的方向才能转向最后一步。

步骤8：把变革固化到组织文化中

新的运作秩序一开始总是很脆弱的。一个组织有其多年来秉承的行事方式，而且运转得也不错，这种非常强大的传统力量可能会把它拉回到原来的状态。要实现成功的变革，只有在那些变革已经以制度的形式被大家接受之后，工作才算完结。新秩序需要确定的组织结构、运行体制和推进过程，当这种新的组织文化出现时，它最终会把整个组织凝聚在一起。于是，组织就获得了稳定性，这时再怎么强大的传统力量也无法颠覆已经确立的新的组织行为方式。

获得认同感所面临的挑战

提议要想获得支持，面临的基本问题在步骤4，而且除了本书所讨论的之外，还包括其他许多问题。然而，在这所有的八大步骤当中，想法、建议和计划都有可能会被否决，这对一项变革或会产生潜在的致命影响。本书提供的方法和策略适用于变革进程的方方面面。例如，在向大家说明所在组织面临的大好机会时，提议被否决了（这发生在步骤1）；提议一个特别能干的人来为引领变革的团队工作，遭到拒绝（这发生在步骤2）；提出的一个变革愿景或策略非常合理，但还是被否决了（这发生在步骤3）……以此可以类推到步骤8。

然而最重要的是，对步骤4（有效沟通以获认可）而言，这里的资料具有特别的意义。

有了新的变革愿景以及实现这一愿景的种种策略，人们在设法就这些情况进行沟通时，犯的第一个大错误是沟通严重不足。出于种种完全可以理解的原因，为推动变革，貌似和他人有许多沟通，但实际收效却可能微乎其微。

在设法推动变革的进程中，任何担当重要角色的人每周都将会花许多时间就变革进行讨论、开会研究或撰写计划等。在他看来，好像已就变革愿景及其策略进行了大量令人信服的沟通交流，往前推进似乎是顺理成章的。但是直到步骤 4，组织内部的普通人士才可能听说大规模变革的一些事，或一个月只有一小时左右来参与其中。是的，一个月、一小时或更短，这意味着一个人投入变革的时间不到他在岗时间的 0.6%。不到 0.6% 啊！其他 99.4% 的时间里，所交流的信息、完成的任务、参加的会议、撰写的材料和收发的邮件等，完全把那 0.6% 的时间里所做的事推到九霄云外去了。

面对大好时机，即使某个经理或员工在了解并认同变革的愿景或策略之后很有紧迫感，也想为此做些力所能及的事，他又能做什么呢？通常情况下，他们除了问问正在做哪些事之外，做得很少。作为回应，如果只是在会议上简单通报一下，那样的话，要使他们理解那个引领变革的联合团队做的所有工作，充分理解变革的愿景及其策略，要他们全心全意地认可支持这一切，其可能性几近于零。可高层管理人员通常就是看不到或不相信这个事实，因此沟通不足的问题会持续存在。

明智的变革愿景及其策略——变革的方向有利于推动组织向前发展，也有利于规避风险，抓住机遇——在努力使它获得认可的过程中，人们常犯的第二个大错误是，仅有“思想”的交流，而没有用“心”的沟通。这一错误通常的表现是，大谈特谈“商业案例”，分析得头头是道。即使经理和员工会逐渐会理解这一新的愿景及其策略，他们的理解也仅仅是停留在思想上，而没有感情的投入。这样的支持会缺乏强有力的情感要素，而这一要素却是迈向成功道路上攻坚克难所必需的。

那些变革取得成功的人们，则是通过更为频繁的沟通来克服这些问题，而且是全身心的沟通。

“更为频繁”通常意味着要运用更多的沟通方式。他们不只是发些备忘录，或仅仅在年度管理会议上抽出点时间专门说说新的愿景及其策略，他们会持续不断地讨论变革事宜。例如：在每一期公司内部报纸的头版上刊发文章；在电脑桌面上开辟有关变革的沟通渠道，或充分利用现有的“公司新闻”“与首席执行官对话”的板块；把配套计划分解给一线主管，便于他们召开会议向员工传达相关精神；在工厂设立标语；制作视频短片并在公司内部发放等。

不仅在思想上，而且是用“心”去沟通，这意味着他们会利用各种沟通途径来激发人们的热情。他们所依靠的不是枯燥的“商业案例”，无论它们多有思想性、多么严谨，而是要更多地利用活生生的事例和视频（相对于报纸来说），因为前者往往能表现出更多的感情色彩。我们见过一些取得成功变革的公司，它们的做法是：排练上演有关剧目；开展具有竞争性的活动；对于未来的发展方向和更长远的目标（不只是提高股票价格），力促公司首席执行官在谈论这些问题时和大家坦诚相见。

那么，我们的方法在哪些方面适合上述情况呢？

本书提供的方法无法也不能替代在大规模的成功变革过程中所采用的其他所有能获得认同的策略，但它却为其增添了一种非常强有力的手段，而这一手段如今根本未得以充分利用。这一方法的效能表现在以下四个方面。

第一，它能在很大程度上吸引人们的关注，而绝大多数沟通方式达不到这一点。事实上，人们不看公司内部的报纸；开会期间很多时候是玩手机；他们一天收 50 封邮件，或许只有 20 秒的时间去关注一封很无聊的邮件（一点都不夸张）。对其所传递的想法也就不甚了了，全身心地支持它的可能性则更小。假设把人们对变革计划的关注度分为 1 ~ 10 分，用本书提到的方法最高能达 9 分，平均起来也可能达到 7 分，而其他方法通常则是 3 分。3 分和 7 分的差距再怎么说都不为过。一项好提议要赢得支持，核心是要引起他人的关注，鉴于此，单单这一差距就能决定它的成败。

第二，在大规模的变革进程中，尤其是在步骤 4（有效沟通以获认可），不可避免地会遭到反对意见，这些意见或令人恼火，或难于应付，或很普通。对此，我们的方法都能予以有效应对。不论是像鲍姆巴斯·梅亚尼那样自作聪明的人，还是像爱丽丝·威利那种态度非常诚恳、言辞却很有杀伤力的人，还是像迪卫特斯·阿滕提和卢克斯·斯马提那样的人，本方法均能一一战胜他们。这些人会运用制造恐慌、无限拖延、混淆视听和冷嘲热讽等伎俩阻止变革，试图使其永远无法实现预期目标。根据我们研究得出的结论，这些人及他们的古怪言行总是存在的，有时很直白，有时则更隐蔽。

第三，本书的方法实用有效。我们曾见过一家公司，为了向员工传达新的发展愿景及其策略，将其创作成剧本，并在内部不断巡演。那个剧目很有创意。大部分员工都看了现场演出，通常有100人左右。该剧引起了关注，员工也从中了解了有关事宜，达到了凝心聚力的目的。公司为筹备该剧花了6个月的时间，在12个不同部门演出还花了3个月的时间；演员、编剧、舞台和交通费等方面的总预算足足超过了20万美元。我们认为这钱花得值。但是比较一下，如果从每个部门精心挑选两位高级经理或主管，让他们看看我们的方法，给他们一些指导，再给他们一些时间去准备，然后再加以应用，也能达到同样的目的。我们大概算了一下，花的费用顶多是那个剧目的1/10或是1/20。

第四，使用本书的方法，无须精心挑选那些高级主管，也就是说，不只是那些位高权重、富有或业绩优秀的人，几乎任何人都能用。拥有我们的方法，一个23岁的年轻人或许不能和高层管理委员会面对面沟通，但却有利于他与其他许多人的交流，尤其是公司的中层，这具有非常重要的意义。对于变革的愿景及其策略，公司首席执行官未必要花大量的时间设法获得认同，这不现实。同样不现实的是，主管未必要花大量的时间从一个城市到另一个城市就变革发表演说（如果做得不好的话，几乎不会引起关注，还没什么效果）。在一家中等规模的组织里，会有数百甚至数千人为推进变革而努力，他们不仅具有良好的意愿，而且所做的工作事实上也富有成效。日常生活中，在学校、家里、市政活动方面（如图书馆）和其他许多情况下，也有很多人力挺好计划，千方百计推进变革。

在任何大规模的变革进程中，综合运用以上四大方面，会使本书描述的方法彰显非同寻常的威力，沟通效果非常明显。但遗憾的是，根据我们的观察，人们对这一方法的使用还远远不够。

领导变革之父约翰 P. 科特 经典之作

约翰 P. 科特

领导变革之父，全球一致公认的领导和变革权威，哈佛大学教授

20世纪对世界经济发展最具影响力的50位大师之一，《纽约时报》畅销作者

科特教授自1972年开始任教于哈佛商学院。1980年，他在33岁的时候，被授予哈佛终身教职，是有史以来在哈佛商学院获此殊荣的最年轻的一位,因撰写最佳《哈佛商业评论》文章而两次获麦肯锡奖。科特还是一名实践者，曾任雅芳、花旗、可口可乐、通用电气、美林、雀巢、飞利浦、普华永道等国际知名公司的顾问。

《认同：赢取支持的艺术》

怎样让你的好主意赢得支持并达到预期效果？赢取认同的关键，不在回击反对者，而是保持尊重并坚持己见，争取更多中立的人。

《变革之心》

以变革的8个步骤为主线，精选34个案例，向人们展示了成功变革的模式。

《领导变革》

被《时代》杂志评选为最具影响力的25本管理图书之一。

《权力与影响力》

应当如何运用自己的现有权力与影响力来得到别人的帮助以顺利地完成工作。本书充满了创新性的思想和专家建议，对组织运作进行了精辟分析。

《变革加速器》

帮助企业建立“双元驱动体系”，即把企业原来层级体系和更灵活的网络结构结合起来，构建灵活的战略以适应快速变化的世界。荣获麦肯锡商业/管理领域世界最实用与最具突破性思想奖。

《总经理》

专门研究总经理这一特殊职位的专门著作，对于指导人们担当总经理这一职位，取得事业的成功，以及甄选、培养、安置这方面的人才，都具有实践和学术的价值。

推荐阅读

清华大学经济管理学院领导力研究中心主任
杨斌教授 担当主编 鼎力推荐

应对不确定、巨变、日益复杂且需要紧密协作挑战的管理沟通解决方案
沙因组织与文化领导力系列

谦逊的魅力
沙因 60 年咨询心得

埃德加·沙因（Edgar H. Schein）

世界百位影响力管理大师 斯坦福社会心理学硕士哈佛社会心理学博士
企业文化与组织心理学领域开创者和奠基人

恰到好处的帮助

人际关系的底层逻辑和心理因素，打造助人与求助的能力，获得受益一生的人际关系

谦逊领导力

从人际关系的角度看待领导力，助你卸下独自一人承担一切的巨大压力

谦逊的问讯

以提问取代教导，学会“问好问题”，引导上下级的有益沟通，帮助组织良性运作，顺利达成目标

谦逊的咨询

回顾 50 年咨询案例，真实反映沙因如何从一个初出茅庐的实习生成长为成功的咨询大师，感受谦逊的魅力，为组织快速提供真正的帮助